AF097839

Leon Prado

El Arte de Controlar los Sueños
Guía Para Principiantes en el Sueño Lúcido

Título original: *The Art of Dream Control: A Beginner's Guide to Lucid Dreaming*
Copyright © 2025, publicado por Luiz Antonio dos Santos ME.
Este libro es una obra de no ficción que explora el fenómeno del sueño lúcido. A través de una combinación de ciencia, psicología y técnicas prácticas, el autor proporciona herramientas para que cualquier persona pueda desarrollar la capacidad de controlar sus sueños y utilizarlos para el autoconocimiento, la creatividad y la transformación personal.
1ª Edición
Equipo de Producción
Autor: Leon Prado
Editor: Luiz Santos
Portada: Studios Booklas / Alejandro Vázquez
Consultor: Martín Echeverría
Investigadores: Carolina Mendes / Javier Ocampo / Sofía Herrera
Diagramación: Rodrigo Santamaría
Traducción: Esteban Marín
Publicación e Identificación
El Arte de Controlar los Sueños
Booklas, 2025
Categorías: Psicología / Desarrollo Personal
DDC: 154.6 - **CDU:** 159.9
Todos los derechos reservados a:
Luiz Antonio dos Santos ME / Booklas
Ninguna parte de este libro puede ser reproducida, almacenada en un sistema de recuperación o transmitida por cualquier medio — electrónico, mecánico, fotocopia, grabación u otro— sin la autorización previa y expresa del titular de los derechos de autor.

Contenido

Índice Sistemático 5
Prólogo 11
Capítulo 1 Mundo Onírico 13
Capítulo 2 Realidad Onírica 18
Capítulo 3 Historias Inspiradoras 23
Capítulo 4 Ciencia Onírica 28
Capítulo 5 Psicología de los Sueños 33
Capítulo 6 Diario Onírico 38
Capítulo 7 Pruebas de Realidad 42
Capítulo 8 Técnicas MILD 47
Capítulo 9 Técnica CAT 56
Capítulo 10 Técnica WBTB 61
Capítulo 11 Realidad a Prueba 66
Capítulo 12 Meditación Onírica 71
Capítulo 13 Ambiente Ideal 76
Capítulo 14 Diario Onírico 81
Capítulo 15 Ciclos Ajustados 87
Capítulo 16 Sueños Persistentes 93
Capítulo 17 Inducción Rápida 98
Capítulo 18 Despertar Consciente 103
Capítulo 19 Viajes Astrales 108
Capítulo 20 Estabilización Onírica 114
Capítulo 21 Controlando Emociones 119
Capítulo 22 Autoterapia Onírica 124

Capítulo 23 Explorando Escenarios 130
Capítulo 24 Viajes Profundos 135
Capítulo 25 Encuentros Oníricos 140
Capítulo 26 Entrenamiento Onírico 145
Capítulo 27 Perspectivas Creativas 151
Capítulo 28 Enfrentando Pesadillas 157
Capítulo 29 Sanación Emocional 162
Capítulo 30 Viajes Compartidos 168
Capítulo 31 Autotrascendencia 174
Capítulo 32 Maestría Onírica 179
Capítulo 33 Diarios Avanzados 185
Capítulo 34 Más Allá de Soñar 191
Epílogo 196

Índice Sistemático

Capítulo 1: Mundo Onírico - Explora la naturaleza de los sueños, desde su misterioso origen hasta el fenómeno del sueño lúcido, donde el soñador toma conciencia de estar soñando.

Capítulo 2: Realidad Onírica - Analiza las diferencias entre el sueño común y el sueño lúcido, destacando el papel de la conciencia y el control en la experiencia onírica.

Capítulo 3: Historias Inspiradoras - Presenta relatos de sueños que han inspirado descubrimientos científicos, obras de arte y decisiones importantes a lo largo de la historia.

Capítulo 4: Ciencia Onírica - Explora la investigación científica sobre los sueños lúcidos, desde los primeros experimentos hasta los estudios con neuroimágenes que validan la existencia de este fenómeno.

Capítulo 5: Psicología de los Sueños - Aborda la interpretación psicológica de los sueños, especialmente desde la perspectiva de Carl Jung, y cómo los sueños lúcidos pueden ser utilizados para el autoconocimiento y la transformación personal.

Capítulo 6: Diario Onírico - Presenta la importancia del diario de sueños como herramienta para mejorar la memoria onírica, identificar patrones y profundizar la conexión con el mundo de los sueños.

Capítulo 7: Pruebas de Realidad - Explica cómo las pruebas de realidad ayudan a entrenar la mente para distinguir entre la vigilia y el sueño, aumentando las posibilidades de alcanzar la lucidez.

Capítulo 8: Técnicas MILD - Presenta diferentes técnicas para inducir sueños lúcidos, incluyendo la MILD (Mnemonic Induction of Lucid Dreams), técnicas de anclaje, reflexión, autosugestión, WILD (Wake-Initiated Lucid Dream) y otras.

Capítulo 9: Técnica CAT - Detalla la Técnica de Ajuste de Ciclo (CAT), que utiliza el conocimiento de los ciclos de sueño para maximizar las posibilidades de experimentar sueños lúcidos.

Capítulo 10: Técnica WBTB - Explica la técnica Despertar-Volver a la Cama (WBTB), que aprovecha la tendencia del cerebro a entrar más rápidamente en el sueño REM después de un breve período de vigilia.

Capítulo 11: Realidad a Prueba - Discute la importancia de las pruebas de realidad para cuestionar la percepción y reconocer el estado onírico, destacando la diferencia entre la lógica de la vigilia y la de los sueños.

Capítulo 12: Meditación Onírica - Explora cómo la meditación puede facilitar el reconocimiento de los sueños lúcidos, fortalecer la estabilidad y el control dentro del sueño, y mejorar la memoria onírica.

Capítulo 13: Ambiente Ideal - Describe cómo el ambiente de sueño, incluyendo factores como la iluminación, la temperatura y el ruido, puede influir en la calidad del sueño y la ocurrencia de sueños lúcidos.

Capítulo 14: Diario Onírico - Detalla cómo llevar un diario de sueños, enfatizando la importancia de registrar detalles sensoriales, emociones y pensamientos para fortalecer la memoria onírica y analizar patrones.

Capítulo 15: Ciclos Ajustados - Explica cómo comprender y ajustar los ciclos de sueño para aumentar la probabilidad de tener sueños lúcidos, aprovechando los períodos de sueño REM.

Capítulo 16: Sueños Persistentes - Aborda el fenómeno de los sueños recurrentes, interpretándolos como mensajes del inconsciente que señalan cuestiones no resueltas y cómo trabajar con ellos para el autoconocimiento.

Capítulo 17: Inducción Rápida - Presenta técnicas para inducir sueños lúcidos de manera rápida, como la FILD (Finger-Induced Lucid Dream), aprovechando el estado de transición entre la vigilia y el sueño.

Capítulo 18: Despertar Consciente - Aborda la importancia de mantener la lucidez dentro del sueño, ofreciendo técnicas para estabilizarlo y prolongarlo, como el anclaje sensorial y la regulación emocional.

Capítulo 19: Viajes Astrales - Explora la relación entre sueños lúcidos y proyección astral, discutiendo las similitudes, diferencias y teorías sobre estos fenómenos, e incentivando la exploración personal.

Capítulo 20: Estabilización Onírica - Presenta técnicas para mantener la lucidez y prolongar la duración de los sueños lúcidos, como el anclaje sensorial, la rotación corporal y las afirmaciones positivas.

Capítulo 21: Controlando Emociones - Discute la importancia de gestionar las emociones en los sueños lúcidos para evitar el despertar prematuro, ofreciendo estrategias para reconocer, aceptar y transformar las emociones.

Capítulo 22: Autoterapia Onírica - Explora el uso de los sueños lúcidos para la sanación emocional, permitiendo el acceso a aspectos profundos de la psique, la resignificación de traumas y la transformación de patrones limitantes.

Capítulo 23: Explorando Escenarios - Describe el poder de manipulación del ambiente en los sueños lúcidos, permitiendo la creación y transformación de escenarios para la experimentación, la creatividad y el crecimiento personal.

Capítulo 24: Viajes Profundos - Explora cómo los sueños lúcidos permiten acceder a dimensiones ocultas de la mente, facilitando la exploración del subconsciente, la comprensión de traumas y el autoconocimiento.

Capítulo 25: Encuentros Oníricos - Describe cómo interactuar conscientemente con personajes oníricos puede funcionar como un puente hacia el autoconocimiento, la resolución de conflictos y la curación emocional.

Capítulo 26: Entrenamiento Onírico - Presenta el entrenamiento onírico como una técnica para perfeccionar habilidades mediante la simulación de experiencias en sueños lúcidos, optimizando el aprendizaje y la consolidación de habilidades.

Capítulo 27: Perspectivas Creativas - Discute cómo los sueños lúcidos pueden ser utilizados para potenciar la creatividad, permitiendo la exploración de escenarios, la interacción con personajes simbólicos y la generación de soluciones innovadoras.

Capítulo 28: Enfrentando Pesadillas - Aborda cómo los sueños lúcidos ofrecen una oportunidad para enfrentar y transformar pesadillas, permitiendo al soñador tomar el control de la narrativa y confrontar sus miedos.

Capítulo 29: Sanación Emocional - Discute el uso de los sueños lúcidos para la sanación emocional, permitiendo la recreación y resignificación de experiencias, la integración de aspectos de la personalidad y la superación de bloqueos.

Capítulo 30: Viajes Compartidos - Explora la posibilidad de que dos o más personas compartan un mismo sueño, interactuando conscientemente en un ambiente onírico común.

Capítulo 31: Autotrascendencia - Discute el uso de los sueños lúcidos como herramienta para la exploración espiritual, la conexión con lo divino y la búsqueda de la autotrascendencia.

Capítulo 32: Maestría Onírica - Presenta ejercicios avanzados para profundizar el control y la manipulación del ambiente onírico, llevando la experiencia del sueño lúcido a un nivel de maestría.

Capítulo 33: Diarios Avanzados - Detalla técnicas avanzadas para el registro de sueños, transformando el diario en una herramienta de autoconocimiento y exploración del inconsciente.

Capítulo 34: Más Allá de Soñar - Discute cómo las experiencias de los sueños lúcidos pueden integrarse a la vida cotidiana, promoviendo o autoconhecimento e o crescimento pessoal.

Prólogo

Pocas experiencias en la vida son tan intensas, misteriosas y transformadoras como los sueños. Cada noche, sin excepción, cruzas el velo de la realidad y te entregas al universo onírico: un dominio donde lo imposible se vuelve natural, donde memorias, emociones y símbolos se entrelazan en narrativas únicas. ¿Pero qué sucedería si, en lugar de ser un mero espectador pasivo de estas historias fugaces, pudieras asumir el control total?

Imagínate volando sobre montañas que desafían las leyes de la física, conversando con personajes de tu imaginación más profunda, revisitando momentos del pasado o explorando futuros posibles. Piensa en la sensación de libertad al percibir que estás soñando, y que puedes hacer cualquier cosa. Este no es un don reservado a unos pocos iluminados, sino una habilidad que puede ser desarrollada por cualquier persona dispuesta a despertar dentro de sus propios sueños. Y es exactamente eso lo que este libro te revelará.

La ciencia ya ha probado que los sueños lúcidos son reales y accesibles. No son ilusiones pasajeras o mitos esotéricos, sino un fenómeno estudiado por neurocientíficos y psicólogos alrededor del mundo. Grandes mentes de la historia ya se han beneficiado de este poder: inventores visualizaron soluciones para sus problemas durante sueños lúcidos, artistas transformaron visiones oníricas en obras inmortales, y sabios se sumergieron profundamente en sus propios inconscientes para encontrar respuestas que jamás habrían encontrado en estado de vigilia.

Pero la cuestión central permanece: ¿y tú? ¿Estás listo para acceder a este mundo oculto?

Dentro de estas páginas, descubrirás métodos probados y refinados para inducir la lucidez en los sueños. Aprenderás a reconocer las señales de que estás soñando, a entrenar tu mente para cuestionar la realidad y a utilizar estrategias que harán que tus sueños se vuelvan tan vívidos y coherentes como el mundo despierto. Además, explorarás cómo esta práctica puede ampliar tu creatividad, desbloquear miedos ocultos, fortalecer tu autoconfianza e incluso mejorar habilidades del mundo real a través de ensayos oníricos.

El despertar comienza ahora. No permitas que una noche más pase sin que descubras el poder que siempre estuvo a tu alcance. Al final, dormir sin soñar es perder la oportunidad de explorar un universo sin límites: un universo que aguarda ansiosamente para ser desvelado por ti.

¿Estás listo para cruzar esa puerta?

Entonces cierra los ojos, toma conciencia... y despierta.

Luiz Santos
Editor

Capítulo 1
Mundo Onírico

El sueño no es solo un estado de reposo para el cuerpo, sino un pasaje hacia un vasto universo de experiencias subjetivas, donde la mente se desconecta de las ataduras del mundo despierto y entra en una dimensión propia, moldeada por memorias, deseos y simbolismos profundos. Durante este período, el cerebro no solo recupera sus energías, sino que también reorganiza información, procesa emociones y, sobre todo, da origen a uno de los fenómenos más intrigantes de la existencia humana: los sueños. Estas manifestaciones oníricas, que pueden ser tanto fragmentadas y efímeras como vívidas y repletas de detalles, reflejan el funcionamiento interno de la psique y, a lo largo de la historia, han suscitado interpretaciones que van desde mensajes divinos hasta meras reacciones químicas del cerebro. A pesar de las innumerables teorías que intentan explicar su naturaleza y propósito, los sueños continúan siendo un territorio fascinante y, muchas veces, inexplorado, que desafía los límites de lo que entendemos sobre la conciencia y la percepción de la realidad.

En el universo de los sueños, la mente se desprende de las restricciones de la lógica convencional y de las leyes que gobiernan el mundo físico, permitiendo la creación de escenarios imposibles, encuentros improbables y narrativas que desafían cualquier coherencia lineal. En este estado de suspensión de las reglas habituales de la realidad, es posible vivenciar situaciones que trascienden las experiencias del cotidiano, transportando al individuo a contextos que pueden ser absurdos, fantásticos o profundamente simbólicos. En algunas ocasiones, el soñador se ve completamente inmerso en estos escenarios, sin cuestionar su veracidad, mientras que, en otras, una súbita percepción lo lleva a comprender que todo lo que experimenta no pasa de una construcción mental: es en ese momento que surge el fenómeno del sueño lúcido. La experiencia de volverse consciente dentro del propio sueño inaugura una nueva forma de interacción con este universo onírico, donde el individuo deja de ser un mero espectador y pasa a tener un papel activo en la construcción y manipulación de su propia realidad interior.

    Este dominio sobre los propios sueños no solo despierta la curiosidad científica, sino que también abre caminos para descubrimientos personales y avances en el autoconocimiento. La lucidez en los sueños representa una oportunidad de explorar los rincones de la mente, confrontar miedos e inseguridades, estimular la creatividad e incluso mejorar habilidades del mundo real a través de la práctica simulada. Desde tiempos remotos, filósofos, místicos y estudiosos buscaron comprender y desarrollar técnicas para alcanzar este estado de conciencia dentro del sueño, percibiendo que podría servir tanto para la introspección y el crecimiento personal como para la creación artística y el desarrollo cognitivo. Así, el mundo de los sueños, frecuentemente relegado al papel de una mera actividad nocturna sin mayores implicaciones, se revela como un campo vasto de posibilidades que aguarda a aquellos dispuestos a explorarlo con atención e intención.

Dentro del amplio espectro de la experiencia onírica, existe un fenómeno particularmente intrigante: el sueño lúcido. Pero, al final, ¿qué define un sueño lúcido? En términos simples, es aquel en que el soñador tiene plena conciencia de que está soñando. Esta percepción, que puede variar en intensidad, desde un vago reconocimiento hasta una claridad cristalina, transforma completamente la experiencia onírica. El soñador lúcido no es más un mero espectador pasivo, sino un participante activo, capaz de interactuar con el ambiente y los personajes del sueño, modificar la narrativa e incluso desafiar las leyes de la física que rigen el mundo despierto.

Esta capacidad de asumir el control del propio sueño abre un abanico de posibilidades sorprendentes. El sueño lúcido no es solo una forma de entretenimiento o una curiosidad neurológica, sino una herramienta poderosa para el desarrollo personal, la creatividad y la exploración del inconsciente. En el ámbito del autoconocimiento, el sueño lúcido permite que el individuo se profundice en su propio mundo interior, confrontando miedos, resolviendo conflictos emocionales y accediendo a partes del inconsciente que normalmente permanecen inaccesibles durante la vigilia.

Imagina, por ejemplo, la posibilidad de superar un miedo recurrente, como el de hablar en público. En un sueño lúcido, podrías ensayar discursos, interactuar con plateas imaginarias y experimentar diferentes abordajes, todo esto en un ambiente seguro y controlado, donde el error no tiene consecuencias reales. O, quién sabe, confrontar un trauma del pasado, reviviendo la situación desde una nueva perspectiva, con la conciencia de que se trata de un sueño y la capacidad de alterar el desenlace. Las posibilidades son infinitas, limitadas solo por la imaginación del soñador.

Además del potencial terapéutico y de autoconocimiento, los sueños lúcidos también se muestran como un terreno fértil para la creatividad. Artistas, escritores, músicos e inventores relatan frecuentemente que encuentran inspiración en sus sueños, utilizándolos como un laboratorio de ideas donde pueden experimentar libremente, sin las limitaciones del mundo físico. La mente, liberada de las ataduras de la lógica y la razón, puede crear conexiones inusitadas, generar imágenes sorprendentes y concebir soluciones innovadoras para problemas complejos. Muchos relatos dan cuenta de músicas que fueron compuestas, cuadros que fueron pintados e invenciones que fueron proyectadas, primeramente, en el mundo onírico.

En el campo de la ciencia, los sueños lúcidos abrieron nuevas perspectivas para el estudio de la conciencia y del funcionamiento del cerebro. Investigadores utilizan técnicas de neuroimagen, como la resonancia magnética funcional, para investigar la actividad cerebral durante los sueños lúcidos, buscando comprender los mecanismos neuronales que permiten la emergencia de la conciencia dentro del sueño. Estos estudios pueden traer *insights* valiosos sobre la naturaleza de la propia conciencia, uno de los mayores misterios de la ciencia. Además, la investigación sobre sueños lúcidos puede contribuir al desarrollo de nuevos abordajes terapéuticos para trastornos del sueño, como pesadillas recurrentes, e incluso para problemas de salud mental, como la ansiedad y la depresión.

El sueño lúcido, por lo tanto, no es un fenómeno trivial o un mero pasatiempo. Es una capacidad inherente a todos los seres humanos, que puede ser cultivada y mejorada con técnicas y prácticas específicas. A lo largo de este libro, descubrirás los métodos para inducir la lucidez en tus sueños, aprenderás a controlar el ambiente onírico, a interactuar con los personajes y a utilizar esta herramienta extraordinaria para explorar tu propio potencial, superar tus límites y transformar tu vida.

El mundo de los sueños es un territorio vasto e inexplorado, repleto de misterios y posibilidades. La lucidez es la llave que abre las puertas de este universo, permitiéndote convertirte en el protagonista de tu propia jornada onírica. La capacidad de soñar conscientemente es una invitación a una aventura sin límites, una oportunidad de descubrir quién realmente eres y de lo que eres capaz. Esta jornada comienza ahora. Prepárate para desvelar los secretos del mundo onírico y descubrir el poder transformador de los sueños lúcidos.

Capítulo 2
Realidad Onírica

La experiencia humana no se limita únicamente al mundo despierto; se extiende a una dimensión subjetiva y fascinante que emerge durante el sueño. Este estado, a menudo tratado como un simple mecanismo de reposo, en realidad alberga una complejidad que va más allá de la mera recuperación física. Durante el sueño, la mente se desprende de las limitaciones impuestas por la realidad cotidiana y se adentra en un universo donde el tiempo, el espacio y las leyes naturales pueden ser radicalmente diferentes. Este ambiente onírico, en el que sensaciones, recuerdos y deseos se mezclan en narrativas improbables, revela aspectos profundos de la psique humana y ha sido objeto de curiosidad y estudio a lo largo de la historia. Diferentes culturas han interpretado los sueños como mensajes divinos, manifestaciones del inconsciente o incluso como realidades paralelas, evidenciando la fascinación e importancia atribuidas a este fenómeno.

Dentro de este vasto mundo de los sueños, la percepción de la realidad se encuentra en constante transformación. Aunque, la mayoría de las veces, los sueños se experimentan de manera pasiva, sin cuestionar su naturaleza, existen momentos en los que la conciencia puede emerger, permitiendo al soñador reconocer que se encuentra en un estado onírico. Este reconocimiento marca la diferencia fundamental entre los sueños comunes y los sueños lúcidos. En el primer caso, los eventos se desarrollan sin la intervención del soñador, que es llevado por la narrativa sin conciencia de su participación. En el segundo, hay una toma de conciencia que altera completamente la dinámica del sueño, posibilitando el cuestionamiento y, en muchos casos, el control sobre los acontecimientos. Este despertar dentro del propio sueño representa una experiencia transformadora, abriendo puertas a un nivel de exploración e interacción con el mundo onírico que sobrepasa los límites de la imaginación cotidiana.

La transición entre el sueño común y el sueño lúcido no siempre es inmediata o claramente definida. A menudo, hay momentos de duda, en los cuales la mente percibe pequeñas incongruencias en la narrativa del sueño, pero aún no consigue establecer plenamente su naturaleza ilusoria. Estos instantes de duda son esenciales para el desarrollo de la lucidez onírica, pues representan los primeros indicios de que la mente está comenzando a cuestionar la realidad presentada. Con la práctica, el soñador puede aprender a identificar tales señales y utilizarlas como detonantes para ampliar su percepción dentro de los sueños. Al comprender la dinámica entre los estados de conciencia onírica, es posible no solo mejorar la experiencia de soñar, sino también utilizar esta habilidad para fines de autoconocimiento, creatividad e incluso desarrollo personal.

Los sueños comunes son narrativas que se desarrollan en nuestra mente durante el sueño, sin que tengamos conciencia de que estamos soñando. En estos sueños, somos como espectadores de una película, llevados por la corriente de eventos que muchas veces desafían la lógica y la coherencia del mundo despierto. Podemos vivenciar situaciones fantásticas, encontrar personas que ya fallecieron, volar por los cielos, enfrentar peligros imaginarios o experimentar placeres intensos. Todo esto sucede sin que cuestionemos la naturaleza de la experiencia, sin que nos preguntemos si estamos despiertos o soñando.

La lógica de los sueños comunes es frecuentemente distorsionada. Las leyes de la física pueden ser suspendidas: podemos volar sin alas, atravesar paredes, respirar bajo el agua. El tiempo puede comportarse de manera no lineal: el pasado, el presente y el futuro se mezclan, los eventos se repiten o se desarrollan a velocidades diferentes. Las personas y los lugares pueden transformarse de manera abrupta e inesperada. Las emociones pueden ser intensas y volátiles, pasando rápidamente de la alegría al miedo, de la tristeza a la euforia.

Esta falta de cuestionamiento, esta aceptación de la experiencia onírica como realidad, aunque absurda, es la principal característica que define el sueño común. Estamos inmersos en la narrativa, viviéndola plenamente, sin la capacidad de discernir que se trata de una creación de nuestra propia mente. Esta ausencia de conciencia es lo que diferencia fundamentalmente el sueño común del sueño lúcido.

El sueño lúcido, por su parte, está marcado por la presencia de la conciencia. En algún momento durante el sueño, el soñador "despierta" dentro del propio sueño, percibiendo que lo que está vivenciando no es la realidad física, sino una proyección de su mente. Esta toma de conciencia puede variar en intensidad. Puede ser un vago reconocimiento, una sensación de extrañeza, una intuición de que algo no está bien. O puede ser una claridad absoluta, una certeza inquebrantable de que se está soñando.

Con la conciencia, surge la posibilidad de control. El soñador lúcido puede, en mayor o menor grado, influir en el desarrollo del sueño. Puede modificar el escenario, transformar objetos, interactuar con los personajes, desafiar las leyes de la física e incluso alterar la propia narrativa onírica. Esta capacidad de control es uno de los aspectos más fascinantes del sueño lúcido, pues permite que el soñador explore su propio mundo interior de manera activa y creativa. Se convierte en el director, el guionista y el protagonista de su propia película onírica.

Es importante notar que la transición entre el sueño común y el sueño lúcido no siempre es abrupta y definida. A menudo, existen momentos de "pre-lucidez", en los que el soñador comienza a cuestionar la naturaleza de la realidad onírica, pero aún no está seguro de si está soñando. Estos momentos pueden ser cruciales para el desarrollo de la lucidez, pues indican que la conciencia está comenzando a emerger dentro del sueño. Pequeñas señales, como incongruencias en el escenario o eventos imposibles, pueden servir como detonantes para la lucidez.

Otra diferencia significativa entre los dos tipos de sueño reside en la intensidad sensorial y emocional. Aunque los sueños comunes pueden ser vívidos y emocionalmente cargados, los sueños lúcidos tienden a ser aún más intensos. La percepción de estar soñando, combinada con la capacidad de controlar el ambiente onírico, potencializa las sensaciones y emociones. Los colores pueden parecer más vibrantes, los sonidos más nítidos, los toques más intensos. Las emociones, como alegría, miedo, éxtasis o tristeza, pueden ser experimentadas con una fuerza sorprendente, muchas veces superando en intensidad las experiencias de la vida despierta. Esta intensidad sensorial y emocional es uno de los atractivos del sueño lúcido, convirtiéndolo en una experiencia única y memorable.

En resumen, sueños comunes y lúcidos comparten el mismo escenario – la mente dormida – pero sus características y potenciales son distintos. Mientras que el sueño común nos conduce a una jornada inconsciente, el sueño lúcido nos invita a explorar conscientemente el vasto y misterioso territorio de nuestra propia mente. El reconocimiento de estas diferencias es el primer paso para quien desea aprender a inducir y a controlar sus propios sueños lúcidos.

Capítulo 3
Historias Inspiradoras

A lo largo de la historia, los sueños han desempeñado un papel crucial en la vida de innumerables personas, influyendo en descubrimientos, inspiraciones artísticas y decisiones que moldearon civilizaciones enteras. Desde la antigüedad, los relatos de sueños reveladores y premonitorios se multiplican, sugiriendo que la mente humana, al desprenderse de las ataduras del mundo despierto, puede acceder a un nivel más profundo de creatividad, intuición y comprensión. Figuras históricas, científicos, artistas y filósofos frecuentemente relataron experiencias oníricas que cambiaron el curso de sus vidas, demostrando que los sueños no son meras ilusiones nocturnas, sino portales hacia ideas poderosas y transformadoras. En muchas culturas, los sueños eran vistos como mensajes divinos o revelaciones del inconsciente, capaces de guiar elecciones y revelar verdades ocultas. Esta fascinación universal por el mundo onírico se mantiene hasta nuestros días, impulsada por relatos extraordinarios de sueños que alteraron el destino de individuos e incluso de sociedades enteras.

Las historias de inspiración proveniente de los sueños permean todas las áreas del conocimiento y de la creatividad humana. Grandes descubrimientos científicos fueron concebidos en el mundo onírico, donde la mente, libre de las limitaciones lógicas y racionales, consiguió establecer conexiones que parecían inalcanzables en el estado despierto. La solución para complejos problemas matemáticos, la concepción de estructuras moleculares e incluso avances tecnológicos nacieron de imágenes y símbolos oníricos que, a primera vista, podrían parecer abstractos, pero contenían claves esenciales para la comprensión de fenómenos reales. Este fenómeno sugiere que los sueños no solo reflejan las preocupaciones y los pensamientos del individuo, sino que también pueden funcionar como un mecanismo de procesamiento y organización de ideas, permitiendo que soluciones creativas e innovadoras emerjan sin la interferencia de las barreras del pensamiento lineal.

Además de la ciencia, el campo de las artes y de la literatura está repleto de ejemplos de creaciones que tuvieron origen en experiencias oníricas. Muchos escritores y artistas afirman que algunas de sus obras más impactantes surgieron en sueños, donde imágenes vívidas, tramas completas e incluso melodías enteras les fueron "reveladas". La mente, al explorar territorios simbólicos e inconscientes, es capaz de generar narrativas y conceptos que desafían las restricciones de la lógica cotidiana, abriendo camino a creaciones originales y profundas. Este fenómeno refuerza la idea de que los sueños no solo reflejan la realidad interior del soñador, sino que también actúan como un instrumento de expresión creativa, proporcionando nuevas formas de ver, interpretar y reinventar el mundo. Ya sea en la ciencia, en la filosofía o en el arte, los sueños continúan siendo un misterio fascinante y una fuente inagotable de innovación, probando que la realidad onírica puede contener respuestas e inspiraciones que trascienden las fronteras de la vigilia.

Uno de los relatos más antiguos y emblemáticos de sueños con impacto histórico se encuentra en la Biblia, en el Antiguo Testamento. José, hijo de Jacob, poseía el don de interpretar sueños. Cuando fue vendido como esclavo a Egipto, su habilidad llamó la atención del Faraón, que era atormentado por sueños perturbadores. José interpretó los sueños del Faraón – siete vacas gordas seguidas de siete vacas flacas, y siete espigas llenas seguidas de siete espigas marchitas – como una predicción de siete años de abundancia seguidos de siete años de sequía y hambre. Gracias a esta interpretación, Egipto pudo prepararse para la crisis, almacenando alimentos durante los años de abundancia, y José fue elevado a una posición de poder e influencia.

En la Antigua Grecia, los sueños eran considerados una forma de comunicación entre los dioses y los mortales. Existían templos dedicados a Asclepio, el dios de la curación, donde la gente practicaba la incubación de sueños, un ritual que consistía en dormir en el templo con la esperanza de recibir un sueño revelador que trajera la cura para sus enfermedades o respuestas para sus problemas. El filósofo Aristóteles, aunque no creía en el origen divino de los sueños, dedicó un tratado entero al tema ("Sobre los Sueños"), en el cual investigó su naturaleza y sus causas, demostrando el interés de la filosofía griega por el fenómeno onírico.

Avanzando en el tiempo, encontramos el relato del filósofo y matemático francés René Descartes, uno de los pilares del pensamiento moderno. En su obra "Discurso del Método", Descartes describe una serie de sueños intensos que tuvo en una sola noche, en 1619. En estos sueños, se vio en medio de tormentas, fuertes vientos y fantasmas. Descartes interpretó estos sueños como una llamada divina para buscar la verdad y el conocimiento a través de la razón. Estos sueños habrían sido un punto de inflexión en su vida, llevándolo a desarrollar el método filosófico racionalista que lo hizo famoso.

En el siglo XIX, la historia de la ciencia registra un caso notable de inspiración onírica. El químico alemán Friedrich August Kekulé von Stradonitz luchaba por desvelar la estructura molecular del benceno, un compuesto orgánico fundamental. En 1865, tras años de investigación infructuosa, Kekulé tuvo un sueño en el que vio una serpiente mordiéndose la propia cola, formando un anillo. Esta imagen onírica lo inspiró a concebir la estructura cíclica del benceno, un descubrimiento revolucionario que abrió camino al desarrollo de la química orgánica moderna.

Otro ejemplo inspirador proviene del área de la tecnología. Elias Howe, un inventor estadounidense, pasó años intentando crear una máquina de coser eficiente. Enfrentaba dificultades para diseñar el mecanismo de la aguja. En un sueño, Howe se vio rodeado de guerreros que portaban lanzas con un agujero en la punta. Al despertar, se dio cuenta de que la solución a su problema era pasar el hilo por la punta de la aguja, y no por la base, como se hacía tradicionalmente. Esta idea, inspirada por el sueño, permitió que Howe finalizara su invención, que revolucionó la industria textil.

En el campo de las artes, el escritor escocés Robert Louis Stevenson, autor del clásico "El extraño caso del Dr. Jekyll y Mr. Hyde", relató que la idea central de la historia surgió de una pesadilla. Stevenson soñó con la transformación de un hombre en un ser monstruoso, representando la dualidad entre el bien y el mal en la naturaleza humana. Al despertar, escribió febrilmente la trama básica de la novela, que se convirtió en un éxito mundial y una referencia en la literatura sobre el lado oscuro de la psique humana.

Estos son solo algunos ejemplos de cómo los sueños, a lo largo de la historia, han sido fuente de inspiración, revelación y transformación. Ya sea como mensajes divinos, ideas científicas o inspiraciones artísticas, las experiencias oníricas continúan intrigando y desafiando la comprensión humana, demostrando que el mundo de los sueños es un territorio fértil para ser explorado y valorado.

Capítulo 4
Ciencia Onírica

La comprensión científica de los sueños lúcidos representa uno de los avances más intrigantes en el estudio de la mente humana, uniendo neurociencia, psicología y tecnología para explorar un fenómeno que, durante siglos, permaneció envuelto en misterio. Inicialmente vistos con escepticismo, los sueños lúcidos fueron considerados, durante mucho tiempo, meras fantasías sin respaldo empírico. Sin embargo, conforme la ciencia avanzó, se hizo evidente que la lucidez en los sueños no solo existe, sino que puede ser medida, analizada e incluso inducida por medio de técnicas específicas. La investigación de este estado peculiar de conciencia ha permitido vislumbrar nuevas perspectivas sobre el funcionamiento cerebral, desafiando la comprensión tradicional de que el sueño y la vigilia son estados completamente distintos e incompatibles. El estudio de los sueños lúcidos, por lo tanto, no solo amplía el conocimiento sobre los mecanismos del sueño, sino que también plantea cuestiones profundas sobre la propia naturaleza de la conciencia y sus posibilidades dentro del estado onírico.

Los avances tecnológicos desempeñaron un papel esencial en la validación científica de los sueños lúcidos, permitiendo la observación directa de las actividades cerebrales durante el sueño. El desarrollo de técnicas de neuroimagen, como la resonancia magnética funcional (fMRI) y la electroencefalografía (EEG), posibilitó la identificación de patrones de activación específicos en el cerebro de soñadores lúcidos. Las investigaciones revelaron que la corteza prefrontal dorsolateral, región responsable del pensamiento crítico y la autorreflexión, presenta una actividad significativamente mayor durante los sueños lúcidos en comparación con los sueños comunes. Este descubrimiento sugiere que, al contrario de lo que se creía, es posible manifestar un nivel elevado de autoconciencia y razonamiento lógico incluso mientras se está inmerso en el estado onírico. Este hallazgo no solo confirma la existencia de los sueños lúcidos, sino que también sugiere que la mente puede operar de manera sorprendentemente sofisticada durante el sueño, desafiando las nociones convencionales sobre los límites de la cognición humana.

Además de su valor científico, los sueños lúcidos han despertado interés por su potencial terapéutico y psicológico. Estudios indican que la práctica de inducción de la lucidez onírica puede ser beneficiosa para el tratamiento de pesadillas recurrentes, ansiedad y trastorno de estrés postraumático, permitiendo que el soñador asuma el control de la narrativa del sueño y resignifique experiencias negativas. Además, hay evidencias de que los sueños lúcidos pueden ser un instrumento valioso para el desarrollo de la creatividad, la resolución de problemas y el perfeccionamiento de habilidades cognitivas. El impacto de estos sueños en la salud mental y el bienestar emocional continúa siendo explorado, pero los descubrimientos hasta ahora sugieren que el dominio de la lucidez onírica puede abrir puertas a nuevas formas de autoconocimiento y crecimiento personal. A medida que la ciencia avanza, los sueños lúcidos dejan de ser solo un fenómeno curioso para convertirse en una herramienta poderosa, capaz de transformar nuestra relación con la mente y expandir los horizontes de la conciencia humana.

Inicialmente, la idea de que una persona pudiera estar consciente durante el sueño REM (Rapid Eye Movement), la fase del sueño en que ocurren los sueños más vívidos, era recibida con escepticismo por la comunidad científica. Muchos investigadores consideraban que la conciencia y el sueño eran estados mutuamente exclusivos. Sin embargo, a partir de la década de 1970, los experimentos pioneros del psicofisiólogo Stephen LaBerge, en la Universidad de Stanford, comenzaron a cambiar esa visión.

LaBerge desarrolló una técnica ingeniosa para comprobar la existencia de los sueños lúcidos. Él instruyó a voluntarios a realizar movimientos oculares predeterminados (por ejemplo, mirar hacia la izquierda y hacia la derecha repetidamente) tan pronto como percibieran que estaban soñando. Estos movimientos oculares, que pueden ser detectados por medio de electrodos colocados alrededor de los ojos (electrooculografía), servirían como una señal para los investigadores, indicando que el voluntario estaba consciente dentro del sueño.

Los resultados de estos experimentos fueron sorprendentes. LaBerge consiguió registrar las señales oculares predeterminadas, demostrando que los voluntarios eran capaces de mantener la conciencia durante el sueño REM y de comunicarse con el mundo externo, incluso estando en un estado onírico. Estos estudios pioneros abrieron camino para una nueva área de investigación, la ciencia de los sueños lúcidos.

Desde entonces, diversos estudios han sido realizados para investigar los mecanismos cerebrales involucrados en los sueños lúcidos. Técnicas de neuroimagen, como la resonancia magnética funcional (fMRI) y la electroencefalografía (EEG), permiten observar la actividad cerebral en tiempo real, identificando las áreas que están más activas durante los sueños lúcidos en comparación con los sueños comunes.

Los resultados de estas investigaciones indican que los sueños lúcidos están asociados a un aumento de la actividad en áreas específicas del cerebro, principalmente en la corteza prefrontal dorsolateral. Esta región del cerebro es responsable de funciones cognitivas superiores, como la conciencia, el pensamiento crítico, la toma de decisiones y la memoria de trabajo. El aumento de la actividad en esta área durante los sueños lúcidos sugiere que estas funciones cognitivas, que normalmente están suprimidas durante el sueño REM, son reactivadas durante la experiencia lúcida.

Otros estudios investigaron las diferencias en la actividad eléctrica del cerebro entre sueños lúcidos y no lúcidos. La electroencefalografía (EEG) mide las ondas cerebrales, que son patrones de actividad eléctrica generados por las neuronas. Los investigadores descubrieron que los sueños lúcidos están asociados a un aumento en la frecuencia de las ondas gamma, que son ondas cerebrales de alta frecuencia asociadas a la conciencia, la atención y la integración de información.

Además de los estudios sobre la actividad cerebral, la investigación científica también se dedica a investigar las características psicológicas de los soñadores lúcidos y los efectos de los sueños lúcidos sobre el bienestar y la salud mental. Estudios indican que las personas que tienen sueños lúcidos con frecuencia tienden a presentar mayor capacidad de insight, creatividad y resolución de problemas. Además, la práctica de sueños lúcidos ha sido asociada a una reducción de los síntomas de ansiedad, depresión y estrés postraumático.

La ciencia de los sueños lúcidos aún está en sus etapas iniciales, pero los avances recientes han demostrado que este fenómeno es real, mensurable y susceptible de investigación científica rigurosa. Las investigaciones en esta área no solo amplían nuestra comprensión sobre la naturaleza de la conciencia y del sueño, sino que también abren nuevas perspectivas para el desarrollo de intervenciones terapéuticas y para la exploración del potencial de la mente humana. El estudio científico de los sueños lúcidos representa un puente entre la subjetividad de la experiencia onírica y la objetividad de la ciencia, revelando un campo fascinante y prometedor para la exploración del cerebro y la mente.

Capítulo 5
Psicología de los Sueños

La psicología de los sueños revela que el universo onírico no se limita a meras imágenes aleatorias generadas por el cerebro durante el sueño, sino que representa un territorio simbólico donde aspectos profundos de la psique se manifiestan. Desde tiempos antiguos, los sueños fueron considerados mensajes del inconsciente, cargados de significados ocultos que pueden influir en la vida despierta. Dentro de esta perspectiva, el psicólogo suizo Carl Jung aportó un enfoque revolucionario al sugerir que los sueños son expresiones legítimas de la psique, ofreciendo pistas valiosas sobre conflictos internos, deseos reprimidos y el proceso de individuación. Para Jung, el inconsciente no era solo un depósito de contenidos reprimidos, como propuso Freud, sino una dimensión viva y estructurada, compuesta por el inconsciente personal y el inconsciente colectivo. Los sueños lúcidos, al permitir que el individuo explore conscientemente este territorio interior, ofrecen una herramienta única para el autoconocimiento y la transformación psicológica.

El inconsciente colectivo, según Jung, alberga los arquetipos, patrones universales de comportamiento y símbolos compartidos por toda la humanidad. En los sueños, estos arquetipos emergen por medio de personajes, escenarios y narrativas que expresan aspectos fundamentales de la psique humana. En un sueño común, estos elementos se manifiestan de forma simbólica, frecuentemente desafiando la lógica y exigiendo interpretación para ser comprendidos. Ya en los sueños lúcidos, el soñador tiene la oportunidad de interactuar activamente con estos contenidos, haciendo preguntas, modificando la narrativa o confrontando figuras arquetípicas directamente. Esto abre un campo de posibilidades para la comprensión de la propia psique y para el proceso de integración de partes desconocidas o negligenciadas de la personalidad. La Sombra, por ejemplo, que representa los aspectos reprimidos o rechazados del yo, puede surgir en los sueños en forma de figuras aterradoras o situaciones incómodas. En el estado lúcido, en lugar de huir o ser dominado por el miedo, el soñador puede enfrentar estas figuras, comprendiendo su mensaje y promoviendo la aceptación y la integración de estos aspectos.

Además de la Sombra, otros arquetipos pueden surgir en los sueños lúcidos, como el Ánima y el Ánimus, representaciones del principio femenino y masculino en la psique, respectivamente, y el Viejo Sabio o la Gran Madre, que simbolizan orientación y conocimiento intuitivo. La interacción consciente con estas figuras oníricas puede proporcionar revelaciones profundas sobre la identidad y los desafíos internos del soñador. De esta forma, los sueños lúcidos se convierten en una herramienta poderosa no solo para experiencias lúdicas y exploratorias, sino también para un trabajo psicológico profundo. El soñador puede utilizar esta conciencia ampliada para resolver conflictos internos, fortalecer aspectos negligenciados de su personalidad y recorrer el camino de la individuación – el proceso de convertirse en un ser humano más completo e integrado. Así, la psicología de los sueños demuestra que, lejos de ser meras ilusiones nocturnas, los sueños lúcidos ofrecen una oportunidad extraordinaria para el desarrollo psicológico y la expansión de la conciencia.

El inconsciente, según Jung, está compuesto por dos capas principales: el inconsciente personal y el inconsciente colectivo. El inconsciente personal contiene memorias reprimidas, experiencias olvidadas, deseos no realizados y emociones no procesadas que son específicas de cada individuo. Ya el inconsciente colectivo es una capa más profunda y universal, compartida por todos los seres humanos, que contiene los arquetipos, patrones de comportamiento e imágenes primordiales que son heredados de nuestros ancestros.

Los sueños, tanto los comunes como los lúcidos, son considerados por Jung como una vía de acceso al inconsciente. Funcionan como una especie de "puente" entre la conciencia y el inconsciente, permitiendo que contenidos reprimidos o desconocidos emerjan a la superficie. En los sueños comunes, estos contenidos se manifiestan de forma simbólica y muchas veces disfrazada, exigiendo interpretación para ser comprendidos.

Los sueños lúcidos, a su vez, ofrecen una oportunidad única de interacción directa con el inconsciente. Al volverse consciente dentro del sueño, el soñador gana la capacidad de explorar activamente su mundo interior, dialogar con los personajes oníricos (que pueden representar aspectos del propio self), confrontar sus miedos y traumas, y acceder a información e *insights* que normalmente están fuera del alcance de la conciencia despierta.

Jung creía que el proceso de individuación, el desarrollo de la personalidad en dirección a la totalidad y a la integración de los opuestos, era el objetivo central de la vida humana. Los sueños lúcidos pueden desempeñar un papel importante en este proceso, permitiendo que el individuo se profundice en su propio inconsciente, reconozca e integre sus aspectos oscuros (la "Sombra", en la terminología junguiana), y desarrolle una relación más consciente y equilibrada con su propio mundo interior.

La Sombra, uno de los arquetipos más importantes del inconsciente colectivo, representa aquellos aspectos de la personalidad que son rechazados o reprimidos por la conciencia, por ser considerados negativos, inadecuados o indeseables. Estos aspectos pueden incluir emociones como rabia, envidia, miedo, o características de personalidad como egoísmo, agresividad o debilidad. En los sueños, la Sombra puede manifestarse en forma de personajes amenazadores, monstruos, animales salvajes o situaciones aterradoras.

En un sueño lúcido, el soñador tiene la oportunidad de confrontar directamente su Sombra, dialogar con ella, comprender sus orígenes y motivaciones, e integrar estos aspectos rechazados en su personalidad consciente. Este proceso de integración de la Sombra es fundamental para el desarrollo de la individuación, pues permite que el individuo se vuelva más completo, auténtico y equilibrado.

Además de la Sombra, los sueños lúcidos también pueden permitir el encuentro con otros arquetipos del inconsciente colectivo, como el Ánima (el aspecto femenino del inconsciente masculino) y el Ánimus (el aspecto masculino del inconsciente femenino), el Viejo Sabio (la sabiduría interior), el Niño Divino (el potencial de renovación) y muchos otros. La interacción con estos arquetipos puede traer *insights* profundos sobre la dinámica psíquica del soñador y auxiliar en el proceso de autoconocimiento y transformación personal.

La psicología de los sueños, en especial el enfoque junguiano, ofrece un marco teórico rico y complejo para comprender la importancia de los sueños lúcidos como herramienta de exploración del inconsciente y de desarrollo personal. Al volverse consciente dentro del sueño, el soñador gana acceso a un mundo interior vasto y misterioso, donde puede confrontar sus miedos, integrar sus aspectos oscuros, dialogar con sus arquetipos y recorrer el camino de la individuación, rumbo a la totalidad del ser.

Capítulo 6
Diario Onírico

En el proceso de desarrollo de la conciencia en los sueños, uno de los instrumentos más eficaces para ampliar la percepción y fortalecer la conexión con el mundo onírico es el diario de sueños. Este registro sistemático de las experiencias nocturnas no solo mejora la capacidad de recordar los sueños con mayor nitidez, sino que también permite un análisis profundo de los símbolos, patrones y emociones que emergen durante el estado onírico. La práctica continua de anotar los sueños al despertar fortalece la memoria onírica, entrenando la mente para retener detalles que, de otra manera, se perderían en los primeros momentos después de despertar. Más que una simple anotación, este diario se transforma en un mapa personal del inconsciente, revelando *insights* valiosos sobre la psique y sirviendo como una herramienta esencial para la conquista de la lucidez dentro de los sueños.

Al establecer el hábito de registrar los sueños diariamente, la mente se acostumbra a valorar estas experiencias y a diferenciarlas con mayor claridad del estado de vigilia. Con el tiempo, patrones comienzan a emerger, revelando elementos recurrentes que pueden servir como *gatillos* para la percepción de la condición de sueño durante el propio sueño. Personajes, escenarios, emociones y eventos específicos tienden a repetirse, funcionando como marcadores que indican cuándo se está soñando. Esta identificación sistemática facilita el entrenamiento de la mente para cuestionar la realidad, haciendo posible reconocer un sueño mientras ocurre. Además, el diario posibilita la profundización en la interpretación simbólica de los sueños, permitiendo que cada persona comprenda mejor sus propios miedos, deseos y preocupaciones reflejados en las narrativas oníricas.

La construcción de un diario de sueños eficiente requiere disciplina y un compromiso con el autoconocimiento. La anotación debe hacerse tan pronto como la persona despierta, antes de que los recuerdos del sueño se disipen. No es necesario que los relatos sean extensos o perfectamente organizados; incluso fragmentos, palabras clave o breves descripciones de las sensaciones experimentadas son suficientes para entrenar la mente a recordar con mayor claridad. A medida que este hábito se fortalece, la calidad de los recuerdos mejora y la inmersión en la realidad onírica se intensifica. Este proceso no solo favorece el desarrollo de los sueños lúcidos, sino que también profundiza la conexión entre la mente consciente y el universo simbólico del inconsciente, abriendo puertas para una comprensión más amplia sobre uno mismo.

La importancia del diario de sueños reside en varios aspectos. Primeramente, ayuda a fortalecer la memoria onírica. La mayoría de las personas olvida gran parte de sus sueños pocos minutos después de despertar.

Al adquirir el hábito de anotar los sueños inmediatamente al despertar, aunque sean solo fragmentos o sensaciones, entrenas a tu cerebro a prestar más atención a las experiencias oníricas y a retenerlas en la memoria. Con el tiempo, la capacidad de recordar los sueños se vuelve más aguda y detallada.

Además de fortalecer la memoria, el diario de sueños permite identificar patrones, temas recurrentes y símbolos significativos que se manifiestan en tus sueños. Al releer las anotaciones a lo largo del tiempo, comienzas a percibir que ciertos elementos, personajes, situaciones o emociones aparecen con frecuencia en tus sueños. Estos patrones pueden revelar aspectos importantes de tu inconsciente, preocupaciones, deseos, miedos o conflictos internos que merecen atención.

El diario de sueños también es una herramienta esencial para el desarrollo de la lucidez. Al registrar tus sueños, te vuelves más consciente de tu vida onírica, aumentando la probabilidad de reconocer que estás soñando durante el propio sueño. Además, el diario puede ser usado para registrar las pruebas de realidad que realizas durante el día, las técnicas de inducción de sueños lúcidos que practicas y los resultados que obtienes.

¿Pero cómo crear y mantener un diario de sueños eficiente? El primer paso es elegir un soporte que sea adecuado para ti. Puede ser un cuaderno físico, un archivo digital en el ordenador o una aplicación en el móvil. Lo importante es que sea algo práctico y accesible, que puedas tener siempre a mano al despertar.

Al despertar, anota inmediatamente todo lo que recuerdes del sueño, aunque sean solo fragmentos, imágenes sueltas, sensaciones o emociones. No te preocupes por la gramática, la ortografía o la coherencia. El objetivo es capturar la esencia del sueño antes de que se desvanezca de la memoria. Usa palabras clave, frases cortas, dibujos o cualquier otro recurso que te ayude a recordar el sueño posteriormente.

Además del contenido del sueño en sí, anota también la fecha, la hora en que despertaste, el título que le darías al sueño (si lo tiene) y cualquier otro detalle que pueda ser relevante, como tu estado emocional antes de dormir, lo que comiste o bebiste, si usaste alguna técnica de inducción de sueños lúcidos, etc.

Después de anotar el sueño, reserva un tiempo para releer y reflexionar sobre él. Intenta identificar los elementos más marcantes, los símbolos, las emociones predominantes y las posibles conexiones con tu vida despierta. Pregúntate: ¿Cuál es el significado de este sueño para mí? ¿Qué revela sobre mis deseos, miedos, preocupaciones o conflictos internos?

Con el tiempo, el diario de sueños se convertirá en un mapa de tu mundo interior, un registro de tu evolución personal y una guía para la exploración de tu inconsciente. Al cultivar el hábito de anotar y analizar tus sueños, estarás invirtiendo en tu autoconocimiento, desarrollando tu capacidad de tener sueños lúcidos y abriendo un canal de comunicación directo con tu propia mente. El diario onírico es más que un registro; es un diálogo continuo con la parte más profunda y misteriosa de ti.

Capítulo 7
Pruebas de Realidad

La conquista de la lucidez en los sueños exige un entrenamiento constante de la mente para diferenciar la vigilia del estado onírico, y las pruebas de realidad son una de las estrategias más eficaces para este propósito. Estas pruebas funcionan como anclas que refuerzan la percepción consciente a lo largo del día y, con la práctica continua, terminan siendo reproducidas también dentro de los sueños. Cuando esto sucede, hay una chance significativa de que el soñador perciba la inconsistencia del ambiente y se vuelva lúcido. El secreto para que estas pruebas sean eficaces no está solo en la repetición mecánica, sino en el compromiso genuino con la experiencia. Cuestionar la propia realidad con atención plena y verdadera curiosidad es lo que aumenta la probabilidad de reconocer un sueño mientras sucede.

La naturaleza de los sueños permite que eventos absurdos sean interpretados como normales, pues, en ese estado, la mente no aplica las mismas reglas rígidas que rigen la vigilia. Una prueba de realidad bien ejecutada debe, por lo tanto, explorar esas fallas en la lógica de los sueños, creando situaciones en que la diferencia entre los dos estados se vuelva evidente. Al verificar un reloj, por ejemplo, se espera que la hora permanezca estable en el mundo despierto, pero en los sueños los números frecuentemente cambian de forma errática. De la misma forma, intentar atravesar un dedo por la palma de la mano puede ser una prueba reveladora, pues en el mundo físico esto es imposible, mientras que en los sueños el cuerpo puede comportarse de manera inesperada. La elección de las pruebas debe basarse en la facilidad de ejecución y en la capacidad de insertarlas naturalmente en la rutina diaria, garantizando que se conviertan en un hábito inconsciente que se manifestará también en los sueños.

Para maximizar la eficacia de las pruebas de realidad, es esencial combinarlas con la observación crítica del ambiente y la reflexión sobre las propias experiencias. Solo realizar las pruebas de manera automática no es suficiente; es preciso estar verdaderamente presente en el momento y considerar seriamente la posibilidad de estar soñando. Además, el refuerzo del hábito puede ser potencializado con el uso del diario de sueños, que ayuda a identificar patrones y elementos recurrentes que pueden servir como gatillos para la lucidez. Cuanto más integrada esté esta práctica al día a día, mayor será la probabilidad de que la mente la reproduzca espontáneamente durante el estado onírico, abriendo las puertas para un mayor control y exploración de los propios sueños.

La lógica detrás de las pruebas de realidad es que, en el mundo de los sueños, las leyes de la física y de la lógica muchas veces son distorsionadas o inexistentes. Por lo tanto, una prueba que funciona de una determinada manera en el mundo despierto puede tener un resultado diferente o inesperado en un sueño. Al percibir esa diferencia, puedes concluir que estás soñando y, así, volverte lúcido.

Existen diversas pruebas de realidad que pueden ser utilizadas, y la eficacia de cada una puede variar de persona a persona. Lo importante es elegir algunas que sean fáciles de recordar y de realizar, y que se encajen en tu rutina. Aquí están algunas de las pruebas de realidad más comunes y eficaces:

Verificar la hora: Mira un reloj digital o analógico, observa la hora, desvía la mirada por algunos segundos y mira nuevamente. En el mundo despierto, la hora habrá cambiado de forma consistente. En un sueño, los números pueden cambiar de forma aleatoria, quedar borrosos o presentar caracteres extraños.

Leer un texto: Elige un texto corto, como una frase en un libro, un letrero o una placa. Lee el texto, desvía la mirada por algunos segundos y lee nuevamente. En el mundo despierto, el texto permanecerá el mismo. En un sueño, las letras pueden cambiar, las palabras pueden desordenarse o el texto puede transformarse en algo completamente diferente.

Mirar las manos: Observa tus manos con atención, examina los detalles, las líneas, las uñas. En el mundo despierto, tus manos tendrán una apariencia normal y consistente. En un sueño, pueden parecer extrañas, tener más o menos dedos de lo normal, cambiar de forma o presentar otras anomalías.

Intentar respirar con la nariz tapada: Tapa la nariz con los dedos e intenta respirar. En el mundo despierto, esto será imposible. En un sueño, puedes conseguir respirar normalmente, incluso con la nariz tapada, lo que indica que estás soñando.

Saltar e intentar volar: Da un pequeño salto e intenta flotar o volar. En el mundo despierto, caerás de vuelta al suelo. En un sueño, puedes conseguir flotar, volar o desafiar la gravedad de otras formas.

Mirar un espejo: Observa tu reflejo en un espejo. En el mundo despierto, tu reflejo será normal y consistente. En un sueño, tu reflejo puede estar distorsionado, diferente de lo habitual, o incluso mostrar otra persona o criatura.

Preguntarse "¿Estoy soñando?": Hazte esta pregunta varias veces al día, con intención genuina. En el mundo despierto, la respuesta será obvia. En un sueño, la pregunta puede desencadenar la lucidez, especialmente si ya tienes el hábito de realizar las pruebas de realidad.

Empujar el dedo en la palma de la mano: Presiona con fuerza uno de tus dedos en la palma de tu otra mano, en el mundo despierto nada sucederá. En un sueño es posible que tu dedo atraviese tu mano.

Al realizar las pruebas de realidad, es fundamental que no las hagas de forma automática o mecánica. Es preciso tener una intención genuina de verificar si estás despierto o soñando. Cuestiona la realidad, observa los detalles a tu alrededor, estate presente en el momento.

La frecuencia con que realizas las pruebas de realidad también es importante. Lo ideal es que las hagas varias veces al día, en diferentes momentos y situaciones. Cuanto más practiques, mayor será la probabilidad de recordarte de hacerlas durante un sueño.

Además de realizar las pruebas de realidad, es útil combinarlas con la práctica de la atención plena (mindfulness) y con la lectura regular de tu diario de sueños. La atención plena ayuda a aumentar tu conciencia del momento presente, lo que facilita la percepción de señales de que estás soñando. La lectura del diario de sueños, por su parte, refuerza tu memoria onírica y ayuda a identificar patrones y temas recurrentes en tus sueños, lo que también puede aumentar la probabilidad de tener sueños lúcidos.

Las pruebas de realidad son una herramienta simple, pero poderosa, para quien desea desarrollar la capacidad de tener sueños lúcidos. Al incorporarlas a tu rutina diaria, estarás entrenando tu mente para cuestionar la realidad y a reconocer las señales de que estás soñando, abriendo camino para la exploración consciente del mundo onírico.

Capítulo 8
Técnicas MILD

Después de establecer una base sólida con la práctica del diario de sueños y los tests de realidad, es hora de sumergirse en las técnicas específicas para inducir sueños lúcidos. Existen diversos métodos, cada uno con sus particularidades y niveles de dificultad, pero todos comparten el objetivo común de aumentar la probabilidad de volverse consciente dentro de un sueño.

Técnica de la Intención (MILD Simplificada):

La técnica MILD (Mnemonic Induction of Lucid Dreams), desarrollada por Stephen LaBerge, es una de las más populares y eficaces. Aunque la versión completa involucra pasos más elaborados, la esencia de la técnica reside en la intención.

Paso 1: Antes de dormir, repite mentalmente una frase que exprese tu intención de tener un sueño lúcido. Por ejemplo: "Esta noche, voy a recordar que estoy soñando" o "Voy a tener un sueño lúcido esta noche". Repite la frase varias veces, con convicción y concentración.

Paso 2: Visualízate volviéndote lúcido en un sueño. Imagínate realizando un test de realidad y percibiendo que estás soñando. Imagina la sensación de libertad y control que tendrás al volverte lúcido.

Paso 3: Al despertar de un sueño (incluso si no es lúcido), intenta recordar la mayor cantidad de detalles posible y anótalos en tu diario de sueños. Después, repite los pasos 1 y 2 antes de volver a dormir.

Técnica del Anclaje:

Esta técnica involucra elegir una "señal de realidad" o "ancla" que encontrarás frecuentemente durante el día. Puede ser un objeto, una acción, un sonido o cualquier otra cosa que llame tu atención.

Paso 1: Elige tu ancla. Por ejemplo, puedes elegir mirar tus manos, verificar la hora o escuchar el sonido de un pájaro cantando.

Paso 2: Siempre que te encuentres con tu ancla durante el día, realiza un test de realidad y cuestiónate si estás soñando. Hazlo con intención genuina, observando los detalles a tu alrededor.

Paso 3: Antes de dormir, visualízate encontrando tu ancla en un sueño y volviéndote lúcido.

Técnica de la Reflexión:

Esta técnica es simple, pero poderosa. Consiste en cultivar el hábito de cuestionar la realidad a lo largo del día.

Paso 1: Varias veces al día, detente por un momento y observa atentamente el ambiente a tu alrededor. Presta atención a los detalles: colores, formas, sonidos, olores, texturas.

Paso 2: Cuestiónate: "¿Esto es real? ¿Estoy soñando?". No respondas automáticamente. Observa los detalles, busca incongruencias o señales de que algo está fuera de lugar.

Paso 3: Realiza un test de realidad para confirmar si estás despierto o soñando.

Técnica de la Autosugestión:

La autosugestión es una herramienta poderosa para influir en la mente subconsciente. Antes de dormir, repite afirmaciones positivas sobre tu capacidad de tener sueños lúcidos.

Paso 1: Acuéstate cómodamente en la cama, relaja el cuerpo y la mente.

Paso 2: Repite mentalmente frases como: "Soy capaz de tener sueños lúcidos", "Tendré un sueño lúcido esta noche", "Recordaré mis sueños", "Tengo control sobre mis sueños".

Paso 3: Repite las frases con convicción y visualízate teniendo un sueño lúcido.

Es importante resaltar que la consistencia y la persistencia son fundamentales para el éxito de estas técnicas. No te desanimes si no obtienes resultados inmediatos. La práctica regular, combinada con el mantenimiento del diario de sueños y la realización de los tests de realidad, aumentará significativamente tus posibilidades de tener sueños lúcidos. Experimenta con las diferentes técnicas, descubre cuáles funcionan mejor para ti y adáptalas a tus necesidades. El camino hacia el dominio de los sueños lúcidos es un proceso gradual, pero gratificante.

La técnica MILD completa generalmente se realiza después de despertar de un sueño, durante la noche o por la mañana, aprovechando un período en el que la mente está más propensa a retornar al sueño REM (y, por lo tanto, a los sueños). Sin embargo, elementos de la técnica pueden practicarse antes de dormir, como una preparación.

Paso a paso de la técnica MILD completa:

Despertar y Recordar: Al despertar de un sueño (naturalmente o con la ayuda de un despertador), intenta recordar la mayor cantidad de detalles posible. Anota todo en tu diario de sueños: la trama, los personajes, las emociones, los escenarios, los símbolos, todo lo que consigas recordar.

Identificar Señales de Sueño: Después de anotar el sueño, relee el relato e intenta identificar las "señales de sueño", elementos que indican que aquello era un sueño y no la realidad. Estas señales pueden ser cosas imposibles (como volar o atravesar paredes), situaciones extrañas, personas que ya murieron, lugares que no existen, emociones intensas y desproporcionadas, o cualquier otra cosa que se salga de lo común.

Foco en la Intención: Levántate de la cama y mueve tu cuerpo por unos instantes, esto ayudará a consolidar tu estado de vigilia. Siéntate o acuéstate en tu cama en un estado relajado, pero atento. Comienza a repetir mentalmente una frase que exprese tu intención de reconocer que estás soñando la próxima vez que tengas un sueño. Por ejemplo: "La próxima vez que esté soñando, voy a recordar que estoy soñando", "Cuando vea una señal de sueño, voy a percibir que estoy soñando", "Voy a tener un sueño lúcido esta noche". Repite la frase varias veces, con convicción y concentración, internalizando la intención.

Visualización: Mientras repites la frase, visualízate volviendo al sueño del que acabas de despertar. Imagínate reviviendo el sueño, pero esta vez, al encontrarte con una de las señales de sueño que identificaste, te das cuenta de que estás soñando. Visualízate realizando un test de realidad (como mirar tus manos o intentar respirar con la nariz tapada) y confirmando que estás en un sueño. Imagina la sensación de lucidez, la claridad mental, la libertad de poder controlar el sueño.

Repetición: Repite los pasos 3 y 4 (intención y visualización) algunas veces, hasta sentir que la intención está firmemente grabada en tu mente. El objetivo es programar tu mente para reconocer las señales de sueño y volverse lúcida.

Volver a Dormir: Después de completar los pasos anteriores, vuelve a dormir con la intención de tener un sueño lúcido. Mantén la mente enfocada en la idea de volverte consciente dentro del sueño.

La técnica MILD es más eficaz cuando se realiza después de algunas horas de sueño, preferiblemente durante un despertar natural en medio de la noche o por la mañana, cuando los períodos de sueño REM son más largos y frecuentes. Sin embargo, puedes practicar la intención y la visualización antes de dormir, como una forma de preparación.

Es importante resaltar que la MILD, como cualquier otra técnica de inducción de sueños lúcidos, requiere práctica y persistencia. No te desanimes si no obtienes resultados inmediatos. Continúa practicando regularmente, combinando la MILD con el mantenimiento del diario de sueños y la realización de los tests de realidad. Con el tiempo, tu capacidad de tener sueños lúcidos aumentará significativamente.

El método WILD (Wake-Initiated Lucid Dream), que se traduce como "Sueño Lúcido Iniciado en la Vigilia", es una técnica avanzada y desafiante que permite entrar en un sueño lúcido directamente desde el estado de vigilia, sin perder la consciencia. A diferencia de las técnicas que dependen del reconocimiento de que se está soñando (DILD - Dream-Initiated Lucid Dream), el WILD involucra mantener la consciencia mientras el cuerpo se duerme y la mente transita hacia el estado onírico.

Esta técnica se considera más difícil que la MILD u otras técnicas básicas, ya que exige un alto grado de relajación física y mental, además de un buen control de la atención. Sin embargo, cuando se domina, el WILD puede proporcionar experiencias lúcidas extremadamente vívidas e intensas, ya que el soñador entra en el sueño con plena consciencia desde el inicio.

Paso a paso del método WILD:

Preparación: El WILD generalmente es más eficaz cuando se realiza después de algunas horas de sueño, durante un despertar natural en medio de la noche o por la mañana. Es importante estar en un ambiente tranquilo, silencioso y oscuro, donde no serás interrumpido. Acuéstate en una posición cómoda, preferiblemente boca arriba, con los brazos a lo largo del cuerpo.

Relajación Profunda: Comienza relajando profundamente el cuerpo y la mente. Puedes utilizar técnicas de relajación progresiva, como contraer y relajar cada grupo muscular del cuerpo, comenzando por los dedos de los pies y subiendo hasta la cabeza. O puedes practicar la respiración diafragmática, inspirando lenta y profundamente por la nariz, llenando el abdomen de aire, y expirando lentamente por la boca. El objetivo es alcanzar un estado de relajación profunda, similar al que precede al sueño.

Foco en la Atención: Mientras relajas el cuerpo, mantén la mente alerta y concentrada. Elige un punto de enfoque para tu atención. Puede ser tu respiración, las sensaciones de tu cuerpo, un mantra (una palabra o frase repetida mentalmente), una imagen mental o los sonidos del ambiente (si hay algún sonido suave y constante). Lo importante es mantener la atención enfocada en ese punto, sin dejarte llevar por pensamientos aleatorios o distracciones.

Imágenes Hipnagógicas: A medida que te relajas y mantienes el enfoque, es probable que comiences a experimentar las llamadas "imágenes hipnagógicas". Son imágenes, sonidos, sensaciones o pensamientos que surgen en la mente en la transición entre la vigilia y el sueño. Estas imágenes pueden ser fragmentadas, aleatorias, extrañas o surrealistas. Obsérvalas pasivamente, sin involucrarte ni dejarte llevar por ellas. Mantente como un observador, consciente de que estas imágenes son una señal de que te estás acercando al estado de sueño.

Transición al Sueño: Continúa manteniendo el enfoque en tu ancla (respiración, mantra, imagen, etc.) y observando las imágenes hipnagógicas. En algún momento, puedes sentir sensaciones extrañas, como hormigueo, vibraciones, zumbidos, sensación de flotar o de caer. Estas sensaciones son normales e indican que tu cuerpo se está durmiendo mientras tu mente permanece consciente. No te asustes ni intentes controlar estas sensaciones. Simplemente obsérvalas pasivamente.

Entrada en el Sueño: Si consigues mantener la consciencia durante todo este proceso, llegará un momento en que las imágenes hipnagógicas se volverán más vívidas y coherentes, y te sentirás "arrastrado" hacia dentro del sueño. Puedes verte en un escenario onírico, encontrar personajes, escuchar sonidos y sentir sensaciones como si estuvieras realmente allí. En ese momento, estarás en un sueño lúcido, con plena consciencia de que estás soñando.

Estabilización del Sueño: Al entrar en el sueño lúcido, es importante estabilizarlo para evitar despertar prematuramente. Realiza un test de realidad (como mirar tus manos o intentar respirar con la nariz tapada) para confirmar que estás soñando. Después, involucra tus sentidos en el ambiente onírico: observa los colores, los detalles, los sonidos, los olores, las texturas. Interactúa con el ambiente, toca objetos, habla con personajes. Esto ayudará a profundizar y prolongar el sueño lúcido.

El método WILD exige práctica y paciencia. Es común que, en los primeros intentos, te duermas sin conseguir mantener la consciencia, o que despiertes en medio del proceso. No te desanimes. Continúa practicando regularmente y, con el tiempo, desarrollarás la habilidad de entrar en sueños lúcidos directamente desde el estado de vigilia, disfrutando de experiencias oníricas increíblemente vívidas y controladas.

Capítulo 9
Técnica CAT

El perfeccionamiento de la lucidez en los sueños no solo se logra mediante la práctica consciente, sino también a través de la comprensión y manipulación de los propios ciclos del sueño. La Técnica de Ajuste de Ciclo (CAT – Cycle Adjustment Technique) se basa precisamente en este principio, utilizando el conocimiento sobre los ritmos naturales del sueño para maximizar las posibilidades de experimentar sueños lúcidos. A diferencia de los métodos de inducción directa, como MILD o WILD, la CAT actúa sobre la estructuración de los horarios de sueño y vigilia, ajustando el despertar a momentos estratégicos en los que el sueño REM – fase asociada a los sueños más vívidos – se encuentra en su mayor intensidad. Este enfoque favorece la ocurrencia de la lucidez de forma más espontánea, haciendo que el proceso sea más natural y menos dependiente de intentos forzados de control onírico.

La eficacia de la CAT reside en la forma en que reorganiza la rutina de sueño, condicionando al cerebro a despertar en momentos propicios para el recuerdo de los sueños y el aumento de la conciencia dentro de ellos. El principio central de la técnica se basa en la adaptación gradual de los horarios de sueño y en el uso de interrupciones estratégicas para influir en la transición entre los ciclos. Durante el período de aplicación de la técnica, el cuerpo experimenta un ajuste progresivo, desarrollando una mayor sensibilidad para el reconocimiento de los estados oníricos. Este refinamiento de la percepción durante el sueño resulta en una elevación natural de la frecuencia de los sueños lúcidos, sin la necesidad de intervenciones abruptas o métodos que exijan un gran esfuerzo cognitivo antes de dormir.

La incorporación de la CAT a la rutina requiere disciplina y observación atenta de los propios patrones de sueño. Como cada organismo responde de manera única a los cambios en el ritmo circadiano, es fundamental que el practicante realice ajustes personalizados a lo largo del proceso, identificando los horarios más eficaces para el despertar y los períodos ideales de vigilia antes de volver a dormir. Además, la CAT puede potenciarse cuando se combina con otras técnicas, como la práctica de la atención plena a lo largo del día, la realización de pruebas de realidad y el registro continuo en el diario de sueños. Este conjunto de estrategias no solo fortalece la memoria onírica, sino que también prepara la mente para reconocer las señales sutiles que indican la transición entre la vigilia y el mundo de los sueños, creando un ambiente propicio para la lucidez onírica.

La CAT se basa en el hecho de que el sueño humano está compuesto por ciclos de aproximadamente 90 a 120 minutos, cada uno pasando por diferentes etapas, incluyendo el sueño REM (Rapid Eye Movement), que es la fase en la que ocurren los sueños más vívidos. Los períodos de sueño REM tienden a volverse más largos y frecuentes a medida que avanza la noche. La técnica CAT busca aprovechar estos períodos de sueño REM más largos, aumentando la probabilidad de despertar durante uno de ellos y, así, tener más posibilidades de recordar los sueños e inducir la lucidez.

Paso a paso de la técnica CAT:

Determinar el Tiempo de Sueño Habitual: Durante una semana, observa y registra la hora en que normalmente te vas a dormir y la hora en que te despiertas naturalmente, sin la ayuda de un despertador. Calcula la media de horas de sueño por noche. Este será tu tiempo de sueño habitual.

Ajustar el Horario de Dormir: Elige un día de la semana (generalmente un día libre, como sábado o domingo) para aplicar la técnica. La noche anterior a ese día, ve a dormir 90 minutos antes de tu horario habitual. Por ejemplo, si normalmente duermes a las 23h y te despiertas a las 7h (8 horas de sueño), ve a dormir a las 21h30.

Ajustar el Horario de Despertar: Configura el despertador para que suene después de tu tiempo de sueño habitual, restándole 90 minutos. Siguiendo el ejemplo anterior, si tu tiempo de sueño habitual es de 8 horas, configura el despertador para las 6h30 (8 horas - 90 minutos = 6h30). Es decir, si habitualmente te despiertas a las 7:00 el despertador debe sonar a las 5:30.

Mantenerse Despierto: Al despertar con el despertador, levántate de la cama y mantente despierto por un período de 30 a 60 minutos. Durante este tiempo, puedes leer sobre sueños lúcidos, practicar meditación, escribir en tu diario de sueños o realizar cualquier otra actividad relajante que no involucre pantallas brillantes (como celular, computadora o televisión).

Volver a Dormir: Después del período de vigilia, vuelve a dormir. Es en este período, después del ajuste del ciclo de sueño, que tendrás mayor probabilidad de tener sueños lúcidos, especialmente si combinas la CAT con otras técnicas, como la MILD o la WILD.

Repetir el Proceso: Repite este proceso durante algunos días seguidos, o siempre que quieras aumentar tus posibilidades de tener sueños lúcidos.

La lógica detrás de la CAT es que, al despertar 90 minutos antes de tu horario habitual, estarás interrumpiendo un ciclo de sueño en un momento en que el sueño REM es más probable. Al mantenerte despierto por un corto período y luego volver a dormir, aumentas la probabilidad de entrar directamente en un período de sueño REM, lo que favorece la ocurrencia de sueños lúcidos.

Es importante resaltar que la CAT, al igual que otras técnicas, requiere práctica y adaptación. El ajuste del ciclo de sueño puede ser un poco incómodo al principio, pero con el tiempo, tu cuerpo se acostumbrará. Observa cómo reacciona tu cuerpo a la técnica y ajusta los tiempos de acuerdo con tus necesidades. Algunas personas pueden necesitar un período de vigilia más corto o más largo, o un ajuste de horario diferente.

La CAT es una técnica complementaria que puede utilizarse en conjunto con otras técnicas de inducción de sueños lúcidos, potencializando sus efectos. Al optimizar tu ciclo de sueño, estarás creando un terreno fértil para la exploración consciente del mundo onírico.

Capítulo 10
Técnica WBTB

La transición entre el estado de vigilia y el sueño puede ser utilizada estratégicamente para aumentar las posibilidades de experimentar sueños lúcidos, y la técnica Despertar-Volver a la Cama (WBTB, por sus siglas en inglés) es una de las más eficaces en este sentido. Fundamentada en la comprensión de los ciclos naturales del sueño, la WBTB aprovecha la tendencia del cerebro a entrar más rápidamente en el sueño REM – fase en la que los sueños más vívidos ocurren– después de un breve período de vigilia. Esta aproximación crea un momento ideal para aplicar otras técnicas de inducción de la lucidez, como MILD o WILD, potencializando su eficacia. Más que una simple interrupción del sueño, la técnica requiere planificación y ejecución cuidadosa para garantizar que el despertar temporal favorezca el retorno al sueño con mayor consciencia.

El éxito de la WBTB está directamente ligado al equilibrio entre tiempo de sueño, vigilia y relajación. Para aplicarla correctamente, es necesario despertarse en un momento estratégico de la noche, generalmente después de cuatro a seis horas de descanso, período en el que el ciclo REM se vuelve más largo. Durante la vigilia, que puede variar de 20 a 60 minutos dependiendo de la adaptación individual, actividades sutiles, como la lectura sobre sueños lúcidos, la revisión del diario de sueños y la práctica de pruebas de realidad, ayudan a reforzar la intención de obtener lucidez al volver a dormir. El cuidado en evitar estímulos excesivos, como la exposición a la luz azul de pantallas o actividades muy estimulantes, es esencial para no comprometer el retorno al sueño y mantener el estado mental adecuado para que la técnica funcione de manera eficaz.

Al regresar a la cama, la última fase de la técnica consiste en mantener el foco en la intención de volverse lúcido durante el próximo sueño. Técnicas complementarias, como la repetición de afirmaciones o la visualización de escenarios oníricos, ayudan a fortalecer este objetivo. La práctica consistente de la WBTB no solo aumenta la probabilidad de alcanzar la lucidez, sino que también mejora la capacidad de recordar y comprender los propios sueños. Combinada con otras estrategias, como el diario de sueños y la atención plena a lo largo del día, la técnica se convierte en una herramienta poderosa para explorar la mente durante el sueño, permitiendo una experiencia cada vez más consciente e inmersiva en el universo onírico.

La WBTB se basa en el principio de que los períodos de sueño REM (Movimiento Ocular Rápido), la fase del sueño en la que ocurren los sueños más vívidos, se vuelven más largos y frecuentes a medida que avanza la noche. Al despertarse después de algunas horas de sueño, permanecer despierto por un corto período y luego volver a dormir, usted aumenta significativamente la probabilidad de entrar directamente en un período de sueño REM y, consecuentemente, de tener un sueño lúcido.

Paso a paso de la técnica WBTB:

Preparación: Antes de dormir, configure un despertador para que suene después de aproximadamente 4 a 6 horas de sueño. El tiempo ideal puede variar de persona a persona, pero generalmente, despertarse después de 5 o 6 horas de sueño suele ser más eficaz, ya que coincide con un período en el que los ciclos de sueño REM son más largos.

Despertar: Al despertarse con el despertador, levántese de la cama. Es importante salir de la cama para garantizar que usted esté realmente despierto y no vuelva a dormir inmediatamente. Evite luces fuertes y pantallas brillantes (teléfono móvil, computadora, televisión), ya que pueden interferir en la producción de melatonina, la hormona del sueño, y dificultar el retorno al sueño.

Período de Vigilia: Permanezca despierto por un período que puede variar de 20 a 60 minutos. El tiempo ideal varía de persona a persona y puede ajustarse con la práctica. Durante este tiempo, dedíquese a actividades relajantes y relacionadas con sueños lúcidos. Algunas sugerencias incluyen:

Leer sobre sueños lúcidos (libros, artículos, relatos).

Escribir en su diario de sueños, recordando sueños anteriores e identificando señales de sueño.

Practicar meditación o visualización, enfocándose en la intención de tener un sueño lúcido.

Realizar pruebas de realidad.

Planificar lo que le gustaría hacer en su próximo sueño lúcido.

Evite actividades estimulantes, como ver televisión, jugar videojuegos o usar el teléfono móvil, ya que pueden dificultar el retorno al sueño y disminuir la eficacia de la técnica.

Volver a Dormir: Después del período de vigilia, vuelva a la cama con la intención de tener un sueño lúcido. Relaje el cuerpo y la mente, y practique la técnica de inducción de su preferencia (MILD, WILD, u otra). La WBTB aumenta significativamente la eficacia de estas técnicas, ya que usted estará regresando al sueño en un momento en que su cerebro está más propenso a entrar en el sueño REM.

Mantener la Intención: Mientras se duerme, mantenga el foco en su intención de volverse lúcido. Visualícese teniendo un sueño lúcido, realizando pruebas de realidad y explorando el mundo onírico con consciencia.

La WBTB es una técnica simple, pero poderosa, que puede ser fácilmente incorporada a su rutina. Sin embargo, es importante tener algunos cuidados:

No exagere en el tiempo de vigilia: Si usted permanece despierto por mucho tiempo, puede tener dificultad para volver a dormir y sentirse cansado al día siguiente.

No se fuerce a quedarse despierto: Si usted tiene mucho sueño durante el período de vigilia, es mejor volver a dormir más temprano.

Adapte la técnica a sus necesidades: El tiempo de sueño antes del despertar y el tiempo de vigilia pueden ajustarse de acuerdo con sus preferencias y con la forma en que su cuerpo reacciona a la técnica.

La WBTB es una excelente herramienta para quien desea aumentar sus posibilidades de tener sueños lúcidos. Combinada con otras técnicas de inducción y con la práctica regular del diario de sueños y de las pruebas de realidad, la WBTB puede abrir las puertas para la exploración consciente del fascinante mundo de los sueños.

Capítulo 11
Realidad a Prueba

La mente humana opera bajo patrones predecibles en el estado de vigilia, pero en el mundo de los sueños, estos patrones pueden fragmentarse y volverse inconsistentes. La diferencia esencial entre la vigilia y el estado onírico radica en la lógica subyacente a la percepción de la realidad. En la vida cotidiana, confiamos en nuestra memoria y en los sentidos para validar lo que nos rodea, sin cuestionar la veracidad del entorno. Sin embargo, al soñar, estos elementos pueden sufrir distorsiones sutiles o extremas, creando un escenario donde lo improbable se vuelve común. Con el fin de explorar esta diferencia y utilizarla para alcanzar la lucidez en los sueños, las pruebas de realidad surgen como una herramienta fundamental. Permiten que el practicante desarrolle un sentido crítico continuo sobre su existencia, rompiendo con la aceptación automática de la realidad y fomentando la investigación constante del entorno. Con el tiempo, este hábito mental se solidifica, permitiendo que la misma actitud cuestionadora se manifieste en los sueños, donde las inconsistencias perceptivas se vuelven evidentes y revelan la verdadera naturaleza del estado onírico.

El proceso de realización de las pruebas de realidad no se trata solo de un acto mecánico, sino de una práctica que exige atención plena e involucramiento cognitivo. La mente necesita ser entrenada para reconocer patrones y buscar anomalías que puedan delatar un sueño. En el estado de vigilia, los fenómenos físicos obedecen a reglas fijas e inmutables: un interruptor de luz funciona de manera consistente, la lectura de un texto se mantiene estable y la gravedad actúa de forma uniforme. En cambio, en el sueño, estas mismas reglas se vuelven maleables, permitiendo que los objetos cambien de forma, las frases escritas se alteren al ser releídas y la gravedad se comporte de manera errática. Así, cada prueba de realidad debe ejecutarse con verdadera intención y una mirada crítica, evitando automatismos que comprometan su eficacia. Solo al incorporar una duda genuina al acto de cuestionar la realidad, el practicante logrará trasladar esta práctica a sus sueños, aumentando significativamente sus posibilidades de alcanzar la lucidez.

    La construcción de un hábito eficaz depende de la regularidad y la variedad de las pruebas de realidad. Incorporarlas a momentos rutinarios, como cruzar una puerta, verificar la hora o mirar las propias manos, crea desencadenantes mentales que fortalecen la práctica. Sin embargo, repetir siempre la misma prueba puede llevar a una adaptación inconsciente, reduciendo su impacto. Alternar entre diferentes métodos, probar nuevos enfoques y estar atento a momentos en que la realidad parece ligeramente incoherente ayudan a mantener la mente alerta. Cuando esta práctica se traslada al mundo de los sueños, las señales de inconsistencia se vuelven claras, permitiendo que el individuo perciba la verdadera naturaleza de la experiencia y tome control del propio sueño. El dominio de esta técnica, junto con otras estrategias, como el diario de sueños y la práctica de la atención plena, forma la base para un viaje cada vez más profundo en el universo de los sueños lúcidos.

La eficacia de las pruebas de realidad reside en la diferencia entre el funcionamiento del mundo despierto y del mundo onírico. Mientras que la realidad física sigue leyes consistentes y predecibles, la realidad de los sueños es fluida, mutable y a menudo ilógica.

Uso Correcto de las Pruebas de Realidad:

La clave del éxito de las pruebas de realidad no es la cantidad, sino la calidad con la que se realizan. No basta con ejecutar las acciones mecánicamente; es necesario tener una intención genuina de cuestionar la realidad, de estar presente en el momento y de observar atentamente los resultados.

Al realizar una prueba de realidad, siga estos pasos:

Intención: Antes de realizar la prueba, deténgase un momento y cuestiónese sinceramente: "¿Estoy soñando?". No responda automáticamente. Deje que la pregunta resuene en su mente.

Acción: Ejecute la prueba de realidad elegida (ver ejemplos en el Capítulo 6). Hágalo con atención plena, observando cada detalle del proceso.

Observación: Observe cuidadosamente el resultado de la prueba. ¿Corresponde a lo que esperaría en el mundo despierto? ¿O hay algo extraño, ilógico o imposible sucediendo?

Conclusión: Con base en el resultado de la prueba, concluya si está despierto o soñando. Incluso si el resultado indica que está despierto, refuerce la intención de recordar realizar pruebas de realidad en sus sueños.

Frecuencia Ideal de las Pruebas de Realidad:

No existe un número mágico de veces que deba realizar pruebas de realidad por día. Lo importante es que las haga con regularidad y en diferentes momentos y situaciones. Un buen objetivo inicial es realizar de 5 a 10 pruebas de realidad por día, distribuidas a lo largo del día.

Algunas sugerencias de momentos para realizar pruebas de realidad:

Al despertarse (incluso antes de levantarse de la cama).

Antes y después de las comidas.

Al entrar y salir de una habitación o edificio.

Al encontrarse con un amigo o familiar.

Al encontrarse con algo inusual o inesperado.

Al realizar una acción rutinaria (como lavarse las manos, abrir una puerta, etc.).

Al leer o ver algo relacionado con sueños lúcidos.

Siempre que se acuerde.

Variación de las Pruebas de Realidad:

Es recomendable variar las pruebas de realidad que utiliza. Si siempre usa la misma prueba, puede terminar automatizando la acción y perdiendo la intención genuina de cuestionar la realidad. Alterne entre las diferentes pruebas (ver Capítulo 6), elija aquellas que le funcionen mejor y añada nuevas pruebas a su práctica.

Pruebas de Realidad y Sueños Lúcidos:

Con la práctica constante, las pruebas de realidad se convertirán en un hábito arraigado en su mente. Este hábito se trasladará a sus sueños, y usted comenzará a realizar las pruebas espontáneamente durante el sueño. Al percibir la inconsistencia del resultado en el mundo onírico, tendrá una revelación: "¡Estoy soñando!". Ese es el momento de la lucidez.

Recuerde que las pruebas de realidad son solo una herramienta. No garantizan la lucidez, pero aumentan significativamente las posibilidades de alcanzarla. Combine la práctica de las pruebas de realidad con el mantenimiento del diario de sueños, la práctica de técnicas de inducción (MILD, WILD, WBTB) y el cultivo de la atención plena (mindfulness) para obtener los mejores resultados.

Capítulo 12
Meditación Onírica

La mente humana opera en un flujo constante de pensamientos, emociones y estímulos sensoriales, creando un estado de distracción que a menudo oscurece la percepción consciente. Sin embargo, a lo largo de la historia, diversas tradiciones espirituales y filosóficas han descubierto que la meditación puede actuar como un puente entre la vigilia y el mundo de los sueños, permitiendo un estado ampliado de conciencia que trasciende las barreras de la percepción ordinaria. Cuando se aplica a la práctica de los sueños lúcidos, la meditación no solo facilita el reconocimiento de la experiencia onírica, sino que también fortalece la estabilidad y el control del soñador dentro de ese universo fluido. A través del cultivo de la atención plena, la regulación emocional y el fortalecimiento de la memoria, esta práctica milenaria se convierte en un instrumento valioso para quienes buscan profundizar su exploración en el mundo de los sueños.

Al entrenar la mente para permanecer presente en el momento, la meditación reduce la dispersión mental y promueve una conciencia más aguda de la realidad, un elemento crucial para el desarrollo de la lucidez onírica. El hábito de observar los pensamientos sin dejarse llevar por ellos se transfiere naturalmente a los sueños, haciendo más fácil reconocer señales de inconsistencia en el ambiente onírico. Además, la meditación fortalece la capacidad de mantener la calma ante estímulos inesperados, reduciendo la probabilidad de un despertar abrupto causado por la excitación excesiva al percibir que se está soñando. Esta estabilidad emocional también permite que el soñador interactúe con el escenario del sueño de manera más controlada, prolongando la experiencia y explorando sus posibilidades de forma más consciente.

Otro beneficio esencial de la meditación en la práctica de los sueños lúcidos reside en su influencia sobre la memoria. Al reducir la turbulencia mental y mejorar la capacidad de retención de información, la meditación ayuda en el recuerdo de los sueños y en la identificación de patrones recurrentes, factores fundamentales para quien desea alcanzar la lucidez con mayor frecuencia. Esta mejora en la memoria, aliada al desarrollo de la atención plena, fortalece la conexión entre el estado despierto y el mundo de los sueños, permitiendo que el practicante establezca una continuidad entre ambas realidades. Al integrar la meditación con otras técnicas de inducción, como las pruebas de realidad y la escritura en el diario de sueños, es posible crear una base sólida para experiencias oníricas más lúcidas, estables y enriquecedoras.

La meditación, en sus diversas formas, implica el entrenamiento de la atención y el desarrollo de la conciencia plena del momento presente (mindfulness). Esta práctica regular calma la mente, reduce el flujo de pensamientos aleatorios y aumenta la capacidad de concentración y enfoque. Estos beneficios se extienden al mundo de los sueños, facilitando el reconocimiento de la lucidez y el control de la experiencia onírica.

Cómo la meditación ayuda en la lucidez:

Aumento de la Conciencia: La meditación, especialmente la práctica de la atención plena (mindfulness), cultiva la capacidad de observar los propios pensamientos, emociones y sensaciones sin juicio ni apego. Esta conciencia aumentada se transfiere al estado de sueño, haciendo más fácil percibir las señales de que se está soñando y, consecuentemente, alcanzar la lucidez.

Reducción de la Reactividad: La meditación ayuda a reducir la reactividad emocional, es decir, la tendencia a reaccionar automáticamente a estímulos internos o externos. En el contexto de los sueños, esto significa que el soñador tiene menos probabilidad de dejarse llevar por emociones intensas o por eventos extraños, lo que podría dificultar el reconocimiento de la lucidez.

Mejora de la Memoria: La práctica regular de meditación se ha asociado a mejoras en la memoria, tanto en la memoria de trabajo (la capacidad de retener información por cortos períodos) como en la memoria a largo plazo. Una memoria más aguda facilita el recuerdo de los sueños, lo cual es fundamental para el desarrollo de la lucidez y para el análisis de los patrones oníricos en el diario de sueños.

Mayor Claridad Mental: La meditación promueve un estado de claridad mental, reduciendo la "niebla mental" y el flujo incesante de pensamientos. Esta claridad facilita la percepción de los detalles del ambiente onírico y el reconocimiento de incongruencias que pueden indicar que se está soñando.

Cómo la meditación ayuda en la estabilidad onírica:

Control de la Atención: La meditación entrena la capacidad de dirigir y mantener la atención en un objeto específico (como la respiración, un mantra o una imagen mental). Este control de la atención es crucial para mantener la lucidez en un sueño, evitando que el soñador se distraiga con estímulos oníricos o que pierda la conciencia y vuelva a un sueño común.

Ecuanimidad Emocional: La meditación cultiva la ecuanimidad, la capacidad de mantener la calma y la serenidad ante emociones intensas o situaciones desafiantes. En los sueños lúcidos, la ecuanimidad ayuda a evitar la excitación excesiva, que puede llevar al despertar prematuro, y a lidiar con emociones negativas, como el miedo, que pueden desestabilizar el sueño.

Presencia en el Momento: La práctica de la atención plena (mindfulness) ancla la conciencia en el momento presente, reduciendo la tendencia de la mente a divagar o a preocuparse por el futuro. Esta presencia en el momento es esencial para mantener la lucidez en un sueño, permitiendo que el soñador aproveche plenamente la experiencia y explore el ambiente onírico con conciencia.

Práctica de la Meditación Onírica:

No existe una forma única de "meditación onírica". Puedes adaptar las técnicas de meditación tradicionales al contexto de los sueños lúcidos. Algunas sugerencias:

Meditación de la Atención Plena (Mindfulness): Antes de dormir, practica la meditación de la atención plena, enfocándote en tu respiración, en las sensaciones de tu cuerpo o en los sonidos del ambiente. Visualízate volviéndote lúcido en un sueño.

Meditación de la Visualización: Visualízate en un sueño lúcido, realizando pruebas de realidad, explorando el ambiente onírico e interactuando con los personajes.

Meditación con Mantras: Repite mentalmente un mantra relacionado con sueños lúcidos, como "Estoy soñando" o "Estoy consciente".

Meditación Guiada: Utiliza audios de meditación guiada con enfoque en sueños lúcidos.

La meditación es una práctica complementaria a las técnicas de inducción de sueños lúcidos y a las pruebas de realidad. Al cultivar la conciencia, la atención, la ecuanimidad y la claridad mental, la meditación fortalece la base para la exploración consciente del mundo de los sueños, haciendo que la jornada onírica sea más rica, profunda y transformadora.

Capítulo 13
Ambiente Ideal

La calidad del sueño no depende solo del tiempo que pasamos durmiendo, sino también de las condiciones que rodean ese estado esencial para el equilibrio mental y físico. El ambiente donde dormimos desempeña un papel fundamental en la profundidad del descanso y en la ocurrencia de experiencias oníricas vívidas. La creación de un espacio adecuado para el sueño puede influir directamente en la capacidad de alcanzar sueños lúcidos, ya que factores externos como la iluminación, la temperatura y el ruido afectan la transición entre las etapas del sueño y la duración del período REM, en el cual los sueños se vuelven más intensos y claros. Un ambiente optimizado no solo favorece la relajación profunda necesaria para alcanzar estados de lucidez, sino que también reduce las interferencias que pueden fragmentar el sueño o limitar la capacidad de recordar los sueños al despertar.

Además del aspecto físico del ambiente, la preparación mental antes de dormir también ejerce influencia en la calidad de la experiencia onírica. Elementos visuales y simbólicos pueden servir como detonantes para el subconsciente, ayudando a reforzar la intención de alcanzar la lucidez durante los sueños. La presencia de objetos significativos en la habitación, como un diario de sueños accesible, imágenes inspiradoras o símbolos relacionados con el universo onírico, puede fortalecer la conexión entre la realidad despierta y la experiencia del sueño. La práctica de técnicas de relajación antes de dormir, como la meditación o ejercicios de respiración profunda, contribuye a la inducción de un estado de serenidad mental, facilitando la inmersión en el mundo de los sueños de manera más consciente.

Otro aspecto esencial en la creación del ambiente ideal para sueños lúcidos es la consistencia de los hábitos de sueño. Establecer una rutina regular, acostándose y levantándose a horas similares diariamente, permite que el cuerpo se ajuste naturalmente a los ciclos de sueño, maximizando el tiempo dedicado al sueño REM. Estrategias como la técnica Despertar-Volver a la Cama (WBTB) exploran el momento en que los sueños son más largos y frecuentes, aumentando la probabilidad de lucidez. Ajustes en los hábitos nocturnos, como evitar la luz azul antes de dormir, reducir los estímulos estresantes y mantener una alimentación ligera en el período nocturno, también pueden optimizar la transición hacia el sueño profundo y, consecuentemente, hacia experiencias oníricas más nítidas y controlables. Al alinear el ambiente externo con una preparación mental adecuada y una rutina consistente, se crea un escenario propicio para explorar el potencial máximo de los sueños lúcidos.

Configuración del Ambiente:

La habitación donde duermes es tu santuario del sueño, el portal al mundo de los sueños. Por lo tanto, es importante que sea un ambiente que promueva la relajación, la tranquilidad y la seguridad, condiciones esenciales para la inducción de sueños lúcidos.

Oscuridad: La oscuridad es fundamental para la producción de melatonina, la hormona del sueño, que regula el ciclo sueño-vigilia. Asegúrate de que tu habitación esté lo más oscura posible. Utiliza cortinas opacas, sella las rendijas de luz, cubre o apaga los aparatos electrónicos que emitan luz (como los LEDs de stand-by). Si es necesario, usa un antifaz para dormir.

Silencio: El silencio es igualmente importante para un sueño reparador y para la inducción de sueños lúcidos. Los ruidos externos pueden perturbar el sueño, dificultar la concentración e incluso impedir la ocurrencia de sueños lúcidos. Si vives en un lugar ruidoso, considera usar tapones para los oídos o un generador de ruido blanco (un sonido constante y monótono que enmascara otros ruidos).

Temperatura: La temperatura ideal de la habitación para dormir varía de persona a persona, pero generalmente, un ambiente ligeramente fresco (entre 18°C y 22°C) es más propicio para el sueño que un ambiente cálido. Ajusta la temperatura de tu habitación de acuerdo con tus preferencias, pero evita los extremos de calor o frío.

Confort: El confort es esencial para un sueño de calidad. Invierte en un colchón, almohadas y ropa de cama que sean cómodos y adecuados a tus necesidades.

Asegúrate de que tu habitación esté limpia, organizada y libre de distracciones.

Seguridad: Sentirse seguro en tu ambiente de sueño es crucial para relajarse y entregarse al mundo de los sueños. Asegúrate de que las puertas y ventanas estén cerradas con llave, y si te sientes más seguro, puedes dejar una luz nocturna tenue encendida.

Estímulos oníricos: Aunque la oscuridad y el silencio son importantes, puedes usar estímulos que te recuerden los sueños. Un atrapasueños u otro objeto que te recuerde esa intención.

Horarios Ideales:

El horario de sueño también desempeña un papel importante en la inducción de sueños lúcidos. Como se mencionó anteriormente, los períodos de sueño REM, cuando ocurren los sueños más vívidos, tienden a volverse más largos y frecuentes a medida que avanza la noche.

Ciclo de Sueño Regular: Mantener un ciclo de sueño regular, acostándose y levantándose a las mismas horas todos los días (incluso los fines de semana), ayuda a regular el reloj biológico y a optimizar los ciclos de sueño REM.

Técnicas WBTB y CAT: Las técnicas Despertar-Volver a la Cama (WBTB) y la Técnica de Ajuste del Ciclo (CAT) (detalladas en capítulos anteriores) exploran justamente los horarios en que los períodos de sueño REM son más largos. Al despertarse después de algunas horas de sueño y volver a dormir, aumentas la probabilidad de entrar directamente en un período de sueño REM.

Siestas: Las siestas cortas (de 20 a 30 minutos) durante el día pueden aumentar la probabilidad de tener sueños lúcidos, especialmente si practicas la técnica MILD (Inducción Mnemónica de Sueños Lúcidos) antes de tomar la siesta.

Evitar Alcohol y Cafeína: Evita el consumo de alcohol y cafeína antes de dormir. Estas sustancias pueden interferir en la calidad del sueño, reducir la duración de los períodos de sueño REM y dificultar la ocurrencia de sueños lúcidos.

Aunque no existe un "horario mágico" para tener sueños lúcidos, la combinación de un ambiente propicio para el sueño y la optimización de los horarios de sueño, con enfoque en los períodos de sueño REM más largos, puede aumentar significativamente tus posibilidades de éxito. Recuerda que cada persona es diferente, y lo que funciona mejor para una persona puede no funcionar para otra. Experimenta con diferentes configuraciones de ambiente y horarios de sueño, observa cómo reacciona tu cuerpo y adapta las estrategias a tus necesidades.

Capítulo 14
Diario Onírico

La mente humana procesa una infinidad de información diariamente, y los sueños son una manifestación de ese vasto flujo de experiencias, emociones y pensamientos. Sin embargo, la naturaleza fugaz de los sueños hace que, a menudo, se disipen rápidamente al despertar, restando solo fragmentos vagos y desconectados. Para quien busca comprender mejor su propio mundo onírico y desarrollar la habilidad de tener sueños lúcidos, la práctica del diario de sueños se convierte en una herramienta esencial. Más que un simple registro, funciona como un instrumento de autoconocimiento, permitiendo la identificación de patrones recurrentes, símbolos significativos y emociones predominantes. A través de la escritura, el soñador fortalece su memoria onírica y establece un puente entre el estado despierto y el universo de los sueños, creando un ciclo continuo de aprendizaje y exploración.

La eficacia del diario de sueños está directamente relacionada con la forma en que se realizan los registros. No basta con anotar un resumen vago o generalizado; es fundamental capturar los detalles sensoriales, las emociones vivenciadas y cualquier elemento que parezca peculiar o destacable. Cuanto más rica y detallada sea la descripción, mayor será la capacidad de recordar los sueños y reconocer patrones a lo largo del tiempo. Además, la práctica regular de la escritura estimula al cerebro a dar mayor importancia a las experiencias oníricas, aumentando la frecuencia y la nitidez de los sueños recordados. Esta aproximación estructurada permite que el soñador se familiarice con elementos que surgen frecuentemente en sus sueños, facilitando el reconocimiento de las llamadas "señales de sueño" – pistas que indican que se está soñando y que pueden ser usadas para alcanzar la lucidez.

Otro aspecto crucial del diario de sueños es su función analítica. Al releer y comparar registros a lo largo del tiempo, se hace posible identificar tendencias, arquetipos y temas que reflejan aspectos del inconsciente. Los sueños pueden contener mensajes simbólicos, representar desafíos internos o incluso ofrecer soluciones creativas para problemas de la vida despierta. Con el tiempo, emergen patrones, revelando dinámicas emocionales y cognitivas que pueden ser trabajadas conscientemente. Para aquellos que desean mejorar sus habilidades en sueños lúcidos, el análisis sistemático de los registros permite una mayor comprensión de los propios detonantes oníricos y de las condiciones ideales para la manifestación de la lucidez. De esta forma, el diario de sueños se convierte en algo más que un simple cuaderno de anotaciones: se transforma en un mapa personal del universo onírico, guiando al soñador por una jornada de autoconocimiento y descubrimiento.

Técnicas de Anotación:

Inmediatez: Anota tus sueños inmediatamente al despertar, incluso si es en medio de la noche. La memoria de los sueños es extremadamente frágil y se desvanece rápidamente. Ten tu diario (cuaderno, aplicación o grabadora) siempre a mano, al lado de la cama.

Detalles Sensoriales: No te limites a describir el argumento del sueño. Captura todos los detalles sensoriales que puedas recordar:

Visuales: Colores, formas, objetos, personas, escenarios, luces, sombras.

Auditivos: Sonidos, músicas, voces, ruidos.

Táctiles: Texturas, temperaturas, sensaciones físicas.

Olfativos: Olores, aromas, hedores.

Gustativos: Sabores, gustos.

Emociones: Las emociones son una parte fundamental de la experiencia onírica. Anota las emociones que sentiste durante el sueño, incluso si parecen inconexas o contradictorias. Usa palabras precisas para describir tus emociones (por ejemplo, en vez de "feliz", usa "eufórico", "alegre", "sereno").

Pensamientos y Diálogos: Anota los pensamientos que tuviste durante el sueño, los diálogos que ocurrieron (incluso si son fragmentados o sin sentido) y cualquier insight o idea que haya surgido.

Título y Fecha: Dale un título al sueño que resuma su esencia o destaque un elemento importante. Anota la fecha y la hora en que despertaste.

Símbolos y Metáforas: Presta atención a los símbolos y metáforas que aparecen en tus sueños. Pueden tener significados personales o arquetípicos (ver el Capítulo 5 sobre la Psicología de los Sueños). Anota tus impresiones y asociaciones sobre estos símbolos.

Dibujos y Diagramas: Si tienes dificultad para describir algo visualmente, haz un dibujo, un diagrama o un esquema. No te preocupes por la calidad artística; el objetivo es capturar la esencia de la imagen.

Fragmentos: Incluso si solo recuerdas fragmentos del sueño, anótalos. Pequeños detalles pueden desencadenar la memoria de otros elementos del sueño.

Sueños Recurrentes: En caso de tener sueños que se repitan con frecuencia, presta aún más atención, ya que pueden indicar cuestiones importantes.

Técnicas de Análisis:

Relectura Regular: Relee tu diario de sueños regularmente, preferiblemente semanalmente o mensualmente. Esto te ayudará a identificar patrones, temas recurrentes, símbolos significativos y a acompañar tu evolución en la práctica de los sueños lúcidos.

Identificación de Patrones: Busca patrones en tus sueños:

Temas recurrentes: ¿Cuáles son los temas que aparecen con más frecuencia en tus sueños (por ejemplo, volar, caer, ser perseguido, perder los dientes)?

Personajes recurrentes: ¿Hay personajes que aparecen repetidamente en tus sueños? ¿Quiénes son? ¿Qué representan para ti?

Emociones predominantes: ¿Cuáles son las emociones que sientes con más frecuencia en tus sueños?

Escenarios recurrentes: ¿Hay lugares que visitas repetidamente en tus sueños?

Conexiones con la Vida Despierta: Intenta hacer conexiones entre tus sueños y tu vida despierta. ¿Tus sueños reflejan tus preocupaciones, deseos, miedos, conflictos internos o experiencias recientes?

Interpretación de Símbolos: Investiga el significado de los símbolos que aparecen en tus sueños, tanto en diccionarios de símbolos como en fuentes de psicología junguiana. Recuerda, sin embargo, que el significado de los símbolos es altamente personal y puede variar de persona a persona.

Preguntas Clave: Hazte preguntas a ti mismo sobre tus sueños:

¿Cuál es el significado de este sueño para mí?

¿Qué me enseña este sueño sobre mí mismo?

¿Cómo puedo aplicar los insights de este sueño a mi vida?

¿Este sueño me da alguna pista sobre cómo tener sueños lúcidos?

Señales de Sueño: Identifica las "señales de sueño" que son más comunes en tus sueños. Estas señales son elementos que indican que estás soñando (por ejemplo, cosas imposibles, personas que ya murieron, situaciones bizarras). Al familiarizarte con tus señales de sueño, aumentarás la probabilidad de reconocerlas durante un sueño y, así, volverte lúcido.

El diario de sueños, cuando se utiliza de forma consistente y con las técnicas adecuadas de anotación y análisis, se convierte en un mapa de tu mundo interior, una guía para la exploración de tu inconsciente y un poderoso aliado en la jornada hacia el dominio de los sueños lúcidos.

Capítulo 15
Ciclos Ajustados

El sueño humano sigue un ritmo natural, regulado por el ciclo circadiano, que determina los momentos de vigilia y descanso a lo largo de un periodo de 24 horas. Sin embargo, dentro de este ciclo mayor, existen subdivisiones llamadas ciclos de sueño, cada uno con una duración de entre 90 y 120 minutos, compuestos por diferentes fases. Para quienes buscan mejorar la práctica de los sueños lúcidos, comprender y ajustar estos ciclos se convierte en una estrategia poderosa. Aunque las técnicas directas de inducción pueden ser eficaces, la manipulación del patrón de sueño permite crear condiciones favorables para la lucidez, aumentando el tiempo dedicado al sueño REM y mejorando el recuerdo de los sueños. Al alinear los horarios de sueño con la biología natural del cuerpo, es posible intensificar la claridad y la estabilidad de las experiencias oníricas, facilitando el despertar de la conciencia dentro del sueño.

Cada fase del sueño desempeña un papel específico en el funcionamiento del cerebro y del cuerpo. Los primeros estadios del ciclo implican la relajación progresiva y la desaceleración de las funciones corporales, preparando al organismo para el reposo profundo. Durante el sueño de ondas lentas, ocurre la regeneración celular y la consolidación de la memoria, fundamentales para la salud física y mental. No obstante, es en la fase REM donde los sueños más vívidos tienen lugar, caracterizados por una intensa actividad cerebral y rápidos movimientos oculares. A medida que la noche avanza, los periodos de sueño REM se vuelven más largos y frecuentes, lo que significa que las últimas horas del descanso nocturno son las más propicias para la ocurrencia de sueños lúcidos. Comprender esta dinámica permite ajustar los horarios de sueño estratégicamente, maximizando la exposición al REM y ampliando las posibilidades de alcanzar la conciencia dentro de los sueños.

Ajustar el ciclo de sueño implica más que simplemente dormir más o menos horas; se trata de sincronizar el descanso con las fases ideales para la lucidez onírica. Técnicas como el Despertar para Volver a la Cama (WBTB), que consiste en despertarse después de algunas horas de sueño y volver a dormir durante el periodo de mayor ocurrencia del REM, pueden potenciar significativamente los resultados. Otros enfoques incluyen mantener una regularidad estricta en el horario de acostarse y despertarse, realizar siestas estratégicas e incluso experimentar con patrones de sueño polifásico, que fragmentan el descanso en múltiples periodos a lo largo del día. Sin embargo, cualquier ajuste en el ciclo de sueño debe hacerse con cautela, asegurándose de que la calidad del descanso no se vea comprometida. El equilibrio entre disciplina y escucha del propio cuerpo es esencial para transformar la manipulación del ciclo de sueño en una herramienta eficaz para la exploración consciente del mundo onírico.

Como ya se mencionó en capítulos anteriores, el sueño humano se compone de ciclos de aproximadamente 90 a 120 minutos, cada uno pasando por diferentes etapas, incluyendo el sueño REM (Movimiento Ocular Rápido), la fase en la que ocurren los sueños más vívidos y memorables. Los periodos de sueño REM tienden a volverse más largos y frecuentes a medida que avanza la noche. El ajuste del ciclo de sueño busca aprovechar estos periodos de sueño REM más largos, aumentando la probabilidad de despertar durante uno de ellos o justo después, facilitando el recuerdo de los sueños y la inducción de la lucidez.

Comprendiendo el Ciclo de Sueño:

Antes de ajustar tu ciclo de sueño, es importante entender cómo funciona. Un ciclo de sueño típico consiste en:

Etapa 1 (Sueño Ligero): Transición entre la vigilia y el sueño. La actividad cerebral disminuye, y es fácil despertarse.

Etapa 2 (Sueño Ligero): La actividad cerebral disminuye aún más, la temperatura corporal baja y el ritmo cardíaco se desacelera.

Etapas 3 y 4 (Sueño Profundo): Sueño de ondas lentas, esencial para la recuperación física y la consolidación de la memoria. Es difícil despertarse durante estas etapas.

Sueño REM (Movimiento Ocular Rápido): La actividad cerebral se asemeja a la de la vigilia, los ojos se mueven rápidamente bajo los párpados, y ocurren los sueños más vívidos. El tono muscular es bajo (parálisis del sueño), lo que impide que el cuerpo actúe los sueños.

Estrategias de Ajuste del Ciclo de Sueño:

Existen diferentes enfoques para ajustar el ciclo de sueño con el objetivo de facilitar los sueños lúcidos. Algunas de las más comunes incluyen:

Técnica CAT (Técnica de Ajuste del Ciclo): Ya detallada en el Capítulo 9, esta técnica implica ajustar el horario de acostarse y despertarse en un día específico para interrumpir un ciclo de sueño en un momento en que el sueño REM es más probable.

Técnica WBTB (Despertar para Volver a la Cama): Detallada en el Capítulo 10, esta técnica implica despertarse después de algunas horas de sueño, permanecer despierto por un corto periodo y luego volver a dormir, aumentando la probabilidad de entrar directamente en un periodo de sueño REM.

Sueño Polifásico (Avanzado): El sueño polifásico implica dividir el sueño en varios periodos cortos a lo largo del día, en lugar de dormir un único bloque de 7 a 8 horas. Existen diferentes patrones de sueño polifásico, algunos de los cuales buscan maximizar el tiempo de sueño REM. Esta es una aproximación avanzada y exige una adaptación cuidadosa, ya que puede tener efectos secundarios si no se implementa correctamente. No se recomienda iniciar el sueño polifásico sin supervisión.

Regularidad del Sueño: Mantener un horario de sueño regular, acostándose y despertándose a la misma hora todos los días, ayuda a sincronizar el reloj biológico y a optimizar los ciclos de sueño REM. La regularidad del sueño, por sí sola, puede aumentar la probabilidad de tener sueños lúcidos.

Siestas Estratégicas: Una siesta de 20 a un máximo de 90 minutos en horarios estratégicos puede ayudar; prueba después de 6 o 7 horas de despertarte y observa los resultados.

Consideraciones Importantes:

Individualidad: El ciclo de sueño y la respuesta a las técnicas de ajuste varían de persona a persona. Es importante experimentar con diferentes enfoques y ajustar los horarios de acuerdo con tus necesidades y con la forma en que tu cuerpo reacciona.

Salud del Sueño: El ajuste del ciclo de sueño no debe comprometer la calidad general del sueño. Asegúrate de que estás durmiendo lo suficiente y de que tu sueño es reparador. La privación crónica de sueño puede tener efectos negativos en la salud física y mental, además de perjudicar la capacidad de tener sueños lúcidos.

Combinación con Otras Técnicas: El ajuste del ciclo de sueño es más eficaz cuando se combina con otras técnicas de inducción de sueños lúcidos, como MILD, WILD, las pruebas de realidad y el mantenimiento de un diario de sueños.

Paciencia y Persistencia: El ajuste del ciclo de sueño requiere tiempo y práctica. No te desanimes si no obtienes resultados inmediatos. Continúa experimentando y ajustando la técnica hasta encontrar lo que funciona mejor para ti.

Al comprender y manipular tu ciclo de sueño, estarás creando un ambiente interno más propicio para la ocurrencia de sueños lúcidos, abriendo camino para la exploración consciente de tu mundo onírico.

Capítulo 16
Sueños Persistentes

Los sueños recurrentes no son meras repeticiones aleatorias de la mente, sino mensajes insistentes del inconsciente, señalando que hay algo que exige atención y comprensión. Emergen de capas profundas de la psique, reflejando temas que permanecen inexplorados o conflictos internos que aún no han sido resueltos. A diferencia de los sueños comunes, que pueden surgir y desaparecer sin continuidad, los sueños recurrentes insisten en regresar, a menudo trayendo consigo los mismos escenarios, personajes o emociones. Este patrón de repetición sugiere que hay un significado subyacente, una llamada para que la conciencia despierte a cuestiones latentes y, posiblemente, transformadoras. Cuando una imagen o narrativa se repite a lo largo de los años, se convierte en un elemento simbólico poderoso, cargando consigo un enigma que necesita ser descifrado. Así, estos sueños son como ecos del inconsciente, reverberando hasta que la mente despierta se disponga a escucharlos con atención.

La psicología analítica, desarrollada por Carl Jung, sugiere que los sueños recurrentes son expresiones directas del inconsciente colectivo y personal. Para Jung, funcionan como un mecanismo de compensación psíquica, trayendo a la superficie aspectos descuidados de la personalidad o señalando contenidos reprimidos que buscan integración. Esta recurrencia puede estar asociada a traumas no resueltos, miedos profundos, deseos que fueron suprimidos o, incluso, a fases de transición en la vida. Por ejemplo, una persona que frecuentemente sueña que está siendo perseguida puede estar lidiando con una sensación de amenaza en su vida despierta, aunque no tenga plena conciencia de ello. Del mismo modo, los sueños de caída pueden simbolizar la pérdida de control sobre alguna área de la vida, mientras que los sueños de casas en ruinas pueden reflejar la necesidad de reconstrucción emocional. La clave para comprender estos sueños está en la observación atenta de sus detalles y en la disposición para explorar sus mensajes simbólicos.

Trabajar con sueños recurrentes no solo profundiza la comprensión sobre uno mismo, sino que también abre caminos para transformaciones significativas. El primer paso para descifrarlos es el reconocimiento de sus patrones y el análisis de sus elementos centrales. Mantener un diario de sueños es una herramienta valiosa, ya que permite identificar recurrencias y trazar conexiones entre los eventos oníricos y la realidad despierta. Además, técnicas como la incubación de sueños, que consiste en enfocar intencionalmente un tema antes de dormir, pueden ser útiles para dirigir la conciencia a interactuar de manera más activa con estos sueños. Otra estrategia eficaz es la práctica de la lucidez onírica, que posibilita al soñador reconocer que está soñando mientras el sueño ocurre, permitiendo, así, una interacción consciente con los elementos del sueño recurrente. Al encarar estos sueños como oportunidades de autoconocimiento, y no como meros trastornos del sueño, es posible transformar sus mensajes en instrumentos de crecimiento personal, convirtiendo el inconsciente en un aliado en la jornada de la individuación.

La psicología, en particular el enfoque junguiano, interpreta los sueños recurrentes como intentos del inconsciente de llamar la atención sobre cuestiones no resueltas, conflictos internos, traumas, miedos, deseos reprimidos o aspectos de la personalidad que necesitan ser integrados. Estos sueños funcionan como una "alarma" psíquica, señalando que algo importante está siendo descuidado o necesita atención.

Identificación de Sueños Recurrentes:

La identificación de sueños recurrentes se facilita con la práctica regular del diario de sueños. Al releer tus anotaciones a lo largo del tiempo, comenzarás a percibir patrones y temas que se repiten. Presta atención a:

Temas Centrales: ¿Cuál es el tema central del sueño? ¿Es sobre persecución, caída, pérdida, vuelo, exámenes, desnudez pública, encontrar un tesoro, u otro tema?

Personajes: ¿Quiénes son los personajes que aparecen repetidamente en tus sueños? ¿Son personas conocidas, desconocidas, figuras arquetípicas (como el Viejo Sabio, el Niño, la Sombra)?

Escenarios: ¿El sueño transcurre en un lugar específico que se repite? ¿Es un lugar conocido o desconocido? ¿Cómo es ese lugar?

Emociones: ¿Cuáles son las emociones predominantes en el sueño? ¿Miedo, ansiedad, tristeza, alegría, rabia, culpa?

Símbolos: ¿Hay símbolos que se repiten en tus sueños? ¿Objetos, animales, colores, números?

Desenlace: ¿El sueño generalmente termina de la misma manera? ¿Hay un patrón en el desenlace?

Uso de los Sueños Recurrentes para Alcanzar la Lucidez:

Los sueños recurrentes pueden ser una puerta de entrada privilegiada hacia la lucidez. Como el tema o el escenario del sueño ya es familiar, la probabilidad de reconocerlo durante el sueño es mayor. Aquí tienes algunas estrategias para usar los sueños recurrentes para inducir sueños lúcidos:

Reconocimiento del Patrón: Al identificar un sueño recurrente, toma conciencia del patrón. Reflexiona sobre el tema, los personajes, los escenarios, las emociones y los símbolos involucrados. Cuanto más conozcas tu sueño recurrente, más fácil será reconocerlo cuando ocurra nuevamente.

Prueba de Realidad Específica: Desarrolla una prueba de realidad específica para tu sueño recurrente. Por ejemplo, si sueñas frecuentemente que estás cayendo, decide que, siempre que sientas la sensación de caída, realizarás una prueba de realidad (como intentar respirar con la nariz tapada o mirar tus manos).

Intención Pre-Sueño (MILD): Antes de dormir, practica la técnica MILD (Mnemonic Induction of Lucid Dreams), enfocándote específicamente en tu sueño recurrente. Repite mentalmente una frase como: "La próxima vez que sueñe que estoy cayendo, voy a darme cuenta de que estoy soñando". Visualízate reconociendo el sueño recurrente y volviéndote lúcido.

Incubación de Sueños: La incubación de sueños es una técnica que implica enfocarse intensamente en una pregunta o problema antes de dormir, con la esperanza de que el sueño traiga una respuesta o solución. Puedes usar la incubación de sueños para pedirle a tu inconsciente que te muestre el significado de tu sueño recurrente o que te ayude a volverte lúcido dentro de él.

Reescritura del Sueño: Una técnica poderosa es reescribir tu sueño recurrente en tu diario, pero esta vez, alterando el desenlace. Imagínate volviéndote lúcido en el sueño y cambiando el curso de los eventos de forma positiva. Esta técnica ayuda a reprogramar tu mente y a crear una nueva respuesta al sueño recurrente.

Diálogo onírico: Al volverte lúcido dentro del sueño recurrente, no solo puedes cambiar su curso, sino también interactuar con los elementos y cuestionar la razón por la que suceden.

Al trabajar activamente con tus sueños recurrentes, no solo aumentas tus posibilidades de tener sueños lúcidos, sino que también abres un canal de comunicación directo con tu inconsciente, lo que puede llevar a insights profundos y transformaciones personales. El sueño recurrente, que antes era una "alarma" molesta, puede convertirse en un portal hacia el autoconocimiento y la exploración consciente del mundo onírico.

Capítulo 17
Inducción Rápida

Inducir un sueño lúcido de manera rápida exige técnicas que aprovechen el delicado equilibrio entre la vigilia y el sueño. La transición entre estos estados es un momento estratégico, en el cual la mente aún no está completamente despierta, pero mantiene un nivel suficiente de conciencia para reconocer e influir en la experiencia onírica. Entre las diversas aproximaciones para alcanzar esta condición, los métodos que involucran estímulos sutiles al cuerpo y a la mente se muestran altamente eficaces, pues permiten que el soñador se deslice directamente hacia un sueño lúcido sin interrumpir el ciclo natural del sueño. A diferencia de las técnicas que dependen de largos periodos de preparación o repetición de sugestiones mentales a lo largo del día, las aproximaciones rápidas se concentran en la ejecución precisa de pequeños gestos o intenciones en el momento justo, favoreciendo resultados inmediatos. Así, explorar métodos como la inducción rápida de la lucidez representa un camino accesible para quien desea experimentar la conciencia onírica sin largos entrenamientos o complejas prácticas meditativas.

Entre las técnicas más eficientes en este contexto, destaca la FILD (Finger-Induced Lucid Dream), una aproximación que utiliza movimientos mínimos de los dedos para mantener la mente alerta mientras el cuerpo se relaja y se duerme. Este método se beneficia del estado de somnolencia natural que ocurre al despertar durante la noche o por la mañana, cuando la actividad mental aún no ha retomado completamente su ritmo diurno. La clave del éxito está en la sutil interacción entre foco y relajación: la ejecución repetitiva de un pequeño movimiento impide que la mente se sumerja en el sueño profundo de forma inconsciente, al mismo tiempo que no genera estímulos excesivos que puedan despertar completamente al practicante. Esta estrategia se basa en el principio de que la conciencia puede mantenerse activa a través de acciones mecánicas leves, permitiendo que el soñador entre directamente en el estado onírico mientras preserva su percepción lúcida. Como resultado, la FILD posibilita una transición fluida hacia el sueño lúcido, eliminando la necesidad de largos procesos de inducción y facilitando la entrada en un universo de infinitas posibilidades.

    La eficacia de la inducción rápida también depende de la preparación adecuada y de la adaptación del método a las características individuales del practicante. Algunos factores, como el nivel de cansancio, el horario en que la técnica es aplicada y la disposición mental para reconocer las señales del sueño, influyen directamente en los resultados. Para potencializar el efecto de la FILD y de otras aproximaciones similares, es recomendable combinarlas con hábitos que aumenten la familiaridad con los estados oníricos, como la práctica de pruebas de realidad a lo largo del día y el registro detallado de los sueños en un diario. Además, la repetición consciente de la intención de tener un sueño lúcido antes de dormir puede fortalecer la conexión entre la mente despierta y el mundo de los sueños, haciendo más probable el reconocimiento del estado onírico cuando este se manifieste. Con paciencia y dedicación, la inducción rápida puede convertirse en una herramienta poderosa para quien busca explorar el potencial de la lucidez onírica, proporcionando experiencias cada vez más vívidas y controladas en el universo de los sueños.

La técnica generalmente se realiza después de despertar de un sueño (ya sea durante la noche o por la mañana), aprovechando un estado en el que la mente aún está somnolienta y más receptiva a la sugestión. La FILD puede usarse sola o en combinación con la técnica WBTB (Wake-Back-to-Bed), potencializando sus efectos.

Paso a paso de la técnica FILD:

Despertar: Al despertar de un sueño (naturalmente o con la ayuda de un despertador), evita moverte bruscamente o abrir los ojos completamente. Mantente lo más relajado posible, en la misma posición en la que despertaste. Lo ideal es que estés en un estado de somnolencia, pero consciente.

Movimiento de los Dedos: Sin hacer ningún otro movimiento, comienza a mover levemente los dedos índice y medio de una de las manos, como si estuvieras tocando piano en una superficie. El movimiento debe ser muy sutil, casi imperceptible, exigiendo el mínimo de esfuerzo físico. Imagina que estás presionando las teclas de un piano muy suavemente, alternando entre los dos dedos.

Foco en la Acción: Concentra toda tu atención en el movimiento de los dedos. Siente la sensación del movimiento, la leve presión de los dedos, el ritmo de la alternancia. Evita pensar en otras cosas o dejarte llevar por divagaciones. El foco en la acción es crucial para el éxito de la técnica.

Intención: Mientras realizas el movimiento de los dedos, mantén en mente la intención de volverte lúcido. Repite mentalmente una frase como: "Estoy a punto de tener un sueño lúcido", "Voy a darme cuenta de que estoy soñando", o simplemente "Sueño lúcido".

Prueba de Realidad: Después de unos 20 a 30 segundos realizando el movimiento de los dedos, detente y realiza una prueba de realidad. La prueba más común y eficaz en este contexto es intentar respirar con la nariz tapada. Si consigues respirar normalmente, incluso con la nariz tapada, es una señal clara de que estás soñando.

Lucidez: Si la prueba de realidad indica que estás soñando, ¡felicidades, estás lúcido! Explora el ambiente onírico, interactúa con los personajes, realiza tus deseos. Si la prueba de realidad indica que aún estás despierto, vuelve a realizar el movimiento de los dedos (paso 2) y repite el proceso.

Consejos y Consideraciones:

Sutileza: El movimiento de los dedos debe ser extremadamente sutil. No es necesario hacer fuerza o mover los dedos de forma exagerada. El objetivo es mantener la mente mínimamente involucrada, evitando que se duerma completamente o que se despierte totalmente.

Paciencia: La FILD puede no funcionar en el primer intento. Sigue practicando y, con el tiempo, aumentarás tus posibilidades de éxito.

Combinación con WBTB: La FILD es particularmente eficaz cuando se combina con la técnica WBTB (Despertar-Volver a la Cama). Al despertar después de algunas horas de sueño, permanecer despierto por un corto periodo y luego volver a dormir practicando la FILD, maximizarás tus posibilidades de tener un sueño lúcido.

Estado Mental: El estado mental ideal para la FILD es un estado de somnolencia relajada. Si estás muy alerta o muy cansado, la técnica puede no funcionar.

Adaptación: Algunas personas reportan éxito con la FILD adaptando el movimiento de los dedos. Por ejemplo, en lugar de tocar piano, puedes intentar tamborilear levemente los dedos en una superficie, o simplemente imaginar el movimiento de los dedos, sin realizarlo físicamente.

La FILD es una técnica poderosa y accesible, que puede abrir las puertas al mundo de los sueños lúcidos de forma rápida y eficiente. Con práctica y persistencia, podrás usar esta técnica para inducir la lucidez bajo demanda, explorando el potencial ilimitado de tu mente onírica.

Capítulo 18
Despertar Consciente

Despertar dentro del propio sueño, tomando conciencia de que se está soñando, es una experiencia transformadora que amplía las fronteras de la realidad percibida. Este momento de lucidez onírica permite que el soñador explore un universo maleable, donde las leyes físicas pueden ser doblegadas y los deseos más profundos pueden ser vivenciados sin restricciones. Sin embargo, alcanzar esta conciencia no es suficiente para garantizar una experiencia prolongada. El entusiasmo generado por el reconocimiento del estado onírico puede ser tan intenso que, paradójicamente, lleva al despertar abrupto. El cerebro, al detectar la excitación excesiva, puede interpretar este estado como una señal para retornar a la vigilia, terminando el sueño de manera prematura. Así, la verdadera maestría del sueño lúcido no reside solo en su inducción, sino también en la capacidad de estabilizarlo, prolongarlo y explorarlo con dominio consciente. Para ello, es esencial desarrollar estrategias que fortalezcan la permanencia en el ambiente onírico, garantizando que la experiencia se desarrolle de forma fluida y controlada.

Una de las maneras más eficaces de mantener la lucidez dentro del sueño es el anclaje sensorial, un proceso que involucra activar los sentidos para fortalecer la inmersión en la experiencia. Cuando el soñador se enfoca en detalles específicos del escenario onírico, como la textura de los objetos, los sonidos del ambiente o incluso los aromas y sabores presentes en el sueño, la mente se ancla en la experiencia y reduce las posibilidades de un despertar repentino. Esta técnica funciona porque refuerza la construcción del espacio onírico, impidiendo que se disipe debido a la falta de atención consciente. Además, movimientos corporales sutiles dentro del sueño, como frotar las manos o girar lentamente sobre el propio eje, ayudan a reafirmar la presencia dentro del estado onírico, creando un punto de referencia estable para la conciencia. Este tipo de interacción con el ambiente onírico no solo prolonga la experiencia, sino que también fortalece la sensación de control sobre el sueño, permitiendo que el soñador lo manipule de forma más eficaz.

 Otro aspecto fundamental para sostener la lucidez onírica es la regulación emocional. El sueño lúcido puede generar una gran excitación, ya sea por la alegría de percibir la libertad que proporciona o por el fascinio ante la riqueza de los detalles y posibilidades. Sin embargo, si esta euforia no se controla, puede desencadenar un pico emocional que lleva al despertar. Técnicas como la respiración profunda, la repetición de afirmaciones tranquilizadoras y la dirección deliberada de la atención hacia elementos calmos del sueño ayudan a mantener la estabilidad. Además, en caso de que la lucidez comience a desvanecerse, métodos como fijar la mirada en un objeto específico, reafirmar verbalmente que se está soñando o incluso realizar una nueva prueba de realidad pueden restaurar la claridad de la experiencia. Con práctica y paciencia, es posible prolongar los sueños lúcidos y explorar su vastedad con mayor profundidad, transformando cada experiencia onírica en una jornada rica y reveladora.

Por lo tanto, tan importante como aprender a inducir sueños lúcidos es aprender a mantener la lucidez después del "despertar" dentro del sueño. Existen diversas técnicas y estrategias que pueden ayudar a estabilizar el sueño lúcido, prolongar su duración y evitar el despertar precoz.

Anclaje Sensorial:

Así que percibas que estás soñando, lo primero que debes hacer es "anclar" tu conciencia en el ambiente onírico. Esto significa involucrar tus sentidos en la experiencia, prestando atención a los detalles sensoriales del sueño:

Visión: Mira a tu alrededor con atención. Observa los colores, las formas, los objetos, las personas, los escenarios. Fija tu mirada en un detalle específico, como la textura de una pared, el patrón de un tejido, el rostro de un personaje.

Tacto: Toca algo en el sueño. Siente la textura, la temperatura, la consistencia del objeto. Puede ser la hierba bajo tus pies, la corteza de un árbol, la ropa que estás vistiendo.

Audición: Presta atención a los sonidos del sueño. Escucha las voces, la música, los ruidos del ambiente.

Olfato: Siente los olores del sueño. ¿Hay algún aroma específico en el aire?

Gusto: Si hay comida o bebida en el sueño, pruébala. Siente el sabor, la textura.

Este anclaje sensorial ayuda a estabilizar el sueño lúcido, profundizando tu inmersión en la experiencia y fortaleciendo tu conciencia.

Rotación Corporal:

Una técnica simple, pero eficaz, para mantener la lucidez es girar el cuerpo en el sueño. Así que percibas que estás soñando, comienza a girar lentamente alrededor de tu propio eje, como si estuvieras dando vueltas. Este movimiento, además de ser divertido, ayuda a estabilizar el sueño y a evitar el despertar. Se cree que la rotación estimula el sistema vestibular (responsable del equilibrio), lo que, a su vez, fortalece la conciencia durante el sueño REM.

Afirmaciones Positivas:

Repite mentalmente frases que refuercen tu lucidez y tu intención de permanecer en el sueño. Por ejemplo: "Estoy soñando y voy a seguir soñando", "Este sueño es estable y duradero", "Tengo control total sobre este sueño". Las afirmaciones positivas ayudan a mantener el enfoque y la confianza, evitando que la duda o el miedo lleven al despertar.

Interacción con el Ambiente:

Interactúa activamente con el ambiente onírico. Conversa con los personajes, explora los escenarios, manipula objetos, realiza acciones. Cuanto más te involucres con el sueño, más estable se volverá.

Evitar Excitación Excesiva:

Aunque la lucidez es emocionante, es importante controlar la excitación. La euforia excesiva puede llevar al despertar prematuro. Mantén la calma, respira hondo y concéntrate en explorar el sueño de forma consciente y deliberada.

Retorno a la Lucidez:

Si sientes que estás perdiendo la lucidez, o que el sueño se está deshaciendo, intenta realizar una prueba de realidad (como mirar las manos o intentar respirar con la nariz tapada). Esto puede ayudar a "reencender" la conciencia. Otra técnica es volver a concentrarte en un detalle sensorial del sueño, como la textura de un objeto o el sonido de una voz.

El mantenimiento de la lucidez en un sueño es una habilidad que se desarrolla con la práctica. Al combinar estas técnicas y estrategias, estarás fortaleciendo tu capacidad de permanecer consciente dentro del sueño, prolongando la duración de la experiencia y aprovechando al máximo el potencial ilimitado del mundo onírico.

Capítulo 19
Viajes Astrales

La sensación de desprenderse del cuerpo físico y explorar realidades más allá del mundo material es una de las experiencias más intrigantes y enigmáticas de la conciencia humana. La proyección astral, frecuentemente descrita como una separación de la conciencia del cuerpo físico, ha sido relatada por innumerables culturas a lo largo de la historia, siempre rodeada de misterio y fascinación. Muchos de los que vivencian este fenómeno hablan sobre la percepción de flotar por encima del propio cuerpo, viajar por diferentes dimensiones o acceder a información que parece trascender la experiencia común de los sueños. A pesar de la falta de comprobación científica, los relatos de proyección astral poseen una consistencia notable, sugiriendo que esta experiencia puede estar ligada a estados expandidos de percepción. Esta jornada extracorpórea se asocia frecuentemente a prácticas espirituales, tradiciones esotéricas e incluso investigaciones sobre la naturaleza de la conciencia, siendo vista por algunos como un vislumbre de una realidad más allá de la física.

Aunque la proyección astral y los sueños lúcidos se discuten frecuentemente por separado, existe una intersección notable entre estos dos estados alterados de conciencia. Ambos involucran una forma de despertar dentro de la experiencia subjetiva y pueden ser inducidos por técnicas similares. En los sueños lúcidos, el soñador toma conciencia de que está en un sueño y puede interactuar activamente con el ambiente onírico, moldeándolo de acuerdo con su voluntad. Ya en la proyección astral, hay una percepción más profunda de desplazamiento, como si la conciencia estuviera operando fuera de los límites del cuerpo físico. Algunos practicantes relatan transitar de un estado al otro de manera espontánea, sugiriendo que la frontera entre estos fenómenos puede ser más fluida de lo que se imagina. La idea de que la proyección astral sería un tipo específico de sueño lúcido –más vívido y con una fuerte sensación de separación corporal– gana fuerza entre aquellos que estudian la experiencia desde una perspectiva psicológica y neurocientífica.

Independientemente de la interpretación, la exploración de estos estados alterados puede traer beneficios significativos para el autoconocimiento y la expansión de la percepción de la realidad. Muchas personas que practican la proyección astral o los sueños lúcidos relatan un aumento en la intuición, una comprensión más profunda de sí mismas e incluso una disminución del miedo a la muerte, debido a la sensación de que la conciencia puede existir más allá del cuerpo físico. Técnicas como la visualización antes del sueño, la práctica de la atención plena y el uso de afirmaciones mentales pueden ayudar a inducir estos estados y profundizar la experiencia. Sea encarada como una manifestación de la mente o como una verdadera jornada extracorpórea, la proyección astral continúa despertando la curiosidad y el interés de quien busca explorar los límites de la conciencia y acceder a realidades que van más allá de lo tangible.

Existe un debate sobre la relación entre sueños lúcidos y proyección astral. Algunos creen que los dos fenómenos son esencialmente la misma cosa, diferenciándose solo en la interpretación subjetiva de la experiencia. Otros defienden que son fenómenos distintos, aunque puedan ocurrir en secuencia o superponerse.

Diferencias y Similitudes:

Sueños Lúcidos: En un sueño lúcido, la persona tiene conciencia de que está soñando y puede controlar el ambiente onírico y sus acciones dentro de él. La experiencia ocurre dentro de la mente del soñador, en un mundo creado por su propia conciencia.

Proyección Astral: En la proyección astral, la persona tiene la sensación de que su conciencia se ha separado del cuerpo físico y está viajando en un ambiente que parece ser independiente de su mente, ya sea el mundo físico (visto desde una perspectiva diferente) u otros planos de existencia.

Conexiones:

La principal conexión entre sueños lúcidos y proyección astral es que ambos involucran un estado alterado de conciencia, en el que la persona tiene acceso a experiencias que trascienden la realidad física ordinaria. Muchas técnicas utilizadas para inducir sueños lúcidos, como la WILD (Wake-Initiated Lucid

Dream) y la WBTB (Wake-Back-to-Bed), también se utilizan para intentar inducir la proyección astral.

Algunas personas relatan que, durante un sueño lúcido, tuvieron la sensación de separarse del cuerpo y entrar en un estado de proyección astral. Otras relatan que, al intentar inducir la proyección astral, acabaron entrando en un sueño lúcido. Esto sugiere que los dos fenómenos pueden estar interligados y que la frontera entre ellos puede ser tenue.

Teorías:

Existen varias teorías que intentan explicar la relación entre sueños lúcidos y proyección astral:

Sueño Lúcido como Proyección Astral: Algunos creen que toda proyección astral es, en realidad, un sueño lúcido particularmente vívido e intenso, en el que la persona tiene la fuerte sensación de estar fuera del cuerpo. Esta sensación sería una ilusión creada por la mente, pero la experiencia en sí sería un sueño lúcido.

Proyección Astral como un Tipo de Sueño Lúcido: Otros defienden que la proyección astral es un tipo específico de sueño lúcido, en el que la conciencia se proyecta hacia fuera del cuerpo, pero aún dentro de un ambiente onírico. Esta proyección sería una construcción mental, pero con características distintas de los sueños lúcidos comunes.

Fenómenos Distintos: Hay quienes creen que sueños lúcidos y proyección astral son fenómenos completamente distintos, con mecanismos y naturalezas diferentes. La proyección astral involucraría una separación real de la conciencia del cuerpo físico, mientras que el sueño lúcido sería una experiencia puramente mental.

Continuo de Experiencias: Una teoría más integrativa sugiere que sueños lúcidos y proyección astral pueden ser vistos como parte de un continuo de experiencias fuera del cuerpo. En un extremo, tendríamos los sueños comunes, sin conciencia. En el otro extremo, tendríamos la proyección astral "clásica", con la sensación de separación total del cuerpo y exploración de otros planos de existencia. En medio, tendríamos diferentes grados de lucidez y diferentes tipos de experiencias fuera del cuerpo, con características que se superponen.

Exploración Personal:

Independientemente de las teorías y debates, lo más importante es la exploración personal. Si tienes interés en la proyección astral, puedes usar las técnicas de inducción de sueños lúcidos como punto de partida. Durante un sueño lúcido, puedes intentar separarte de tu cuerpo onírico, visualizarte flotando fuera del cuerpo o usar otras técnicas específicas para inducir la proyección astral.

Es importante mantener una mente abierta, registrar tus experiencias en un diario (ya sea de sueños o de proyecciones astrales) e investigar sobre el asunto, buscando diferentes perspectivas y relatos. La experiencia de cada persona es única, y lo que funciona para uno puede no funcionar para otro. Lo más importante es explorar tu propio potencial y descubrir lo que funciona mejor para ti. Recuerda que, sea cual sea la naturaleza de la experiencia, puede ser una fuente valiosa de autoconocimiento y crecimiento personal.

Capítulo 20
Estabilización Onírica

Mantener la lucidez dentro de un sueño es un desafío que exige equilibrio entre control e inmersión, presencia y desapego. La excitación al darse cuenta de que se está soñando puede ser intensa, llevando a un despertar abrupto o a la pérdida gradual de la conciencia onírica. Para evitar que la experiencia se interrumpa prematuramente, es esencial adoptar técnicas que estabilicen el sueño y prolonguen su duración. Este proceso involucra el anclaje de la percepción en el ambiente onírico, la regulación emocional y la utilización de estímulos sensoriales para reforzar la conexión entre la mente y el sueño. Así como un equilibrista necesita ajustar constantemente su cuerpo para mantenerse sobre una cuerda, el soñador lúcido debe emplear estrategias activas para sostener su presencia dentro del estado onírico y aprovechar plenamente esta experiencia única.

Una de las formas más eficaces de fortalecer la estabilidad del sueño es intensificar la implicación sensorial. Observar los detalles del escenario, tocar superficies variadas, escuchar los sonidos alrededor e incluso experimentar sabores y aromas son maneras de hacer el sueño más vívido y prolongado. El tacto, en especial, desempeña un papel fundamental: frotarse las manos, sentir la textura de objetos o caminar descalzo por el ambiente onírico son acciones que refuerzan la permanencia dentro del sueño. Además, enfocar la atención en pequeños detalles, como los patrones en una pared o las líneas de la palma de la mano, ayuda a mantener la claridad de la experiencia. Este tipo de anclaje sensorial funciona porque mantiene la mente involucrada en el sueño, reduciendo la tendencia de oscilación entre el estado onírico y el despertar. Cuanto más inmersivo sea el sueño, menor será la probabilidad de que se desvanezca repentinamente.

  Otro aspecto crucial para estabilizar la experiencia es la regulación emocional. El entusiasmo excesivo puede ser tan perjudicial como la duda o el miedo a despertar. Para evitar este desequilibrio, es importante mantener una postura de calma y aceptación, recordando que el sueño es un espacio maleable y que, aunque termine, nuevas oportunidades de lucidez surgirán. La repetición de afirmaciones positivas dentro del sueño, como "Este sueño es estable" o "Estoy presente y consciente", puede reforzar la permanencia en el estado onírico. Además, técnicas como girar lentamente sobre el propio eje, cambiar el foco a una nueva escena o incluso imaginar un "punto de fuga" seguro dentro del sueño pueden ayudar a recuperar la claridad cuando la experiencia comienza a desvanecerse. Con práctica y experimentación, es posible desarrollar un repertorio personal de estrategias que garanticen no solo la estabilización del sueño, sino también su exploración más profunda y enriquecedora.

La estabilización onírica es el conjunto de técnicas y estrategias utilizadas para fortalecer la lucidez, profundizar la inmersión en el sueño y prolongar su duración. Estas técnicas buscan anclar la conciencia en el ambiente onírico, reducir la excitación excesiva y evitar la pérdida de foco, permitiendo que el soñador aproveche al máximo la experiencia.

Pasos para la Estabilización Onírica:

Anclaje Sensorial (Revisión):

Conforme se detalló en el Capítulo 17, el anclaje sensorial es la primera y más importante técnica de estabilización. Tan pronto como perciba que está soñando, involucre sus sentidos en la experiencia:

Mire: Observe los detalles del ambiente onírico, fije su mirada en objetos, colores, formas.

Toque: Toque objetos, sienta la textura, la temperatura, la consistencia.

Escuche: Preste atención a los sonidos del sueño, a las voces, a la música.

Huela: Sienta los aromas del sueño, si los hay.

Saboree: Pruebe comidas o bebidas, si están disponibles.

Esta inmersión sensorial fortalece la conexión con el sueño y estabiliza la lucidez.

Rotación Corporal (Revisión):

También mencionada en el Capítulo 17, la rotación corporal es otra técnica simple y eficaz. Gire lentamente alrededor de su propio eje dentro del sueño. Este movimiento estimula el sistema vestibular y ayuda a mantener la lucidez.

Afirmaciones Positivas (Revisión):

Repita mentalmente frases que refuercen su lucidez y su intención de permanecer en el sueño. Por ejemplo: "Estoy soñando y voy a seguir soñando", "Este sueño es estable y vívido", "Tengo control total sobre este sueño".

Interacción con el Ambiente (Revisión):

Interactúe activamente con el sueño. Converse con los personajes, explore los escenarios, manipule objetos, realice acciones. Cuanto más se involucre con el sueño, más estable se volverá.

Fricción de las Manos: Frótese las manos vigorosamente dentro del sueño. Esta acción simple, además de involucrar el tacto, genera una sensación de calor y energía que ayuda a estabilizar el sueño.

Atención a los Detalles: Concéntrese en un detalle específico del sueño, como la textura de una pared, el patrón de un tejido, el rostro de un personaje o las líneas de su mano. Observe este detalle con atención plena, examinando cada minucia. Esta técnica ayuda a profundizar la inmersión en el sueño y a fortalecer la lucidez.

Recordar la Intención: A lo largo del sueño lúcido, recuerde periódicamente su intención original. ¿Por qué quería tener un sueño lúcido? ¿Qué quería hacer o experimentar? Este recuerdo ayuda a mantener el foco y a evitar la pérdida de lucidez.

Evitar Cerrar los Ojos: Evite cerrar los ojos por largos períodos dentro del sueño. Esto puede llevar al despertar o a la pérdida de la lucidez. Si necesita parpadear, hágalo rápidamente.

Técnica del "Punto de Fuga": Cuando sienta que el sueño está perdiendo nitidez, imagine que existe un lugar seguro, un "punto de fuga". Use su intencionalidad y desplácese hasta allí. Esto recargará la estabilidad de su sueño.

No se preocupe por despertar: El miedo y la ansiedad de perder la lucidez frecuentemente son causa de la pérdida de la misma. Acepte que es un sueño, y aunque se despierte, podrá volver a soñar lúcidamente.

La estabilización onírica es una habilidad que se desarrolla con la práctica. Experimente diferentes técnicas, combínelas y descubra lo que funciona mejor para usted. Con el tiempo, se volverá más eficiente en mantener la lucidez y en prolongar sus sueños lúcidos, abriendo camino para experiencias oníricas cada vez más ricas, profundas y transformadoras.

Capítulo 21
Controlando Emociones

La vivencia de un sueño lúcido proporciona un escenario inmersivo donde las emociones emergen con una intensidad singular, convirtiéndose tanto en fuente de fascinación como de desafío. Al darse cuenta de que está soñando, la mente despierta a posibilidades ilimitadas: la libertad de volar, atravesar paredes, alterar paisajes o interactuar con figuras oníricas. No obstante, esta misma toma de conciencia puede desencadenar reacciones emocionales que comprometen la estabilidad del sueño. La sorpresa de la lucidez, la euforia del dominio sobre el ambiente e incluso el miedo a lo desconocido pueden generar oscilaciones que desestabilizan la experiencia. El corazón se acelera, la respiración se altera, y la mente, al dejarse llevar por la excitación o el recelo, puede inadvertidamente provocar el despertar abrupto o la pérdida gradual de la lucidez. Así, comprender y gestionar las propias emociones dentro del sueño se vuelve esencial para prolongar y profundizar esta jornada única.

El equilibrio emocional dentro del sueño lúcido no se trata de suprimir sentimientos, sino de desarrollar una relación consciente con ellos. Emociones intensas, positivas o negativas, cargan energía suficiente para modificar el estado onírico, muchas veces interfiriendo en la continuidad de la experiencia. Si la euforia se vuelve excesiva, el cerebro se acerca al estado de vigilia, deshaciendo la inmersión en el sueño. Si el miedo domina, la experiencia puede transformarse en una pesadilla o resultar en un despertar involuntario. Por otro lado, al aprender a reconocer y acoger estas emociones sin ser arrastrado por ellas, el soñador desarrolla la capacidad de estabilizar su presencia en el universo onírico. El control emocional no significa la eliminación de la espontaneidad, sino la creación de un punto de equilibrio donde la excitación no se convierte en un impedimento y el miedo no limita la exploración.

La construcción de este control pasa por prácticas que involucran tanto la mente como el cuerpo. Estrategias como la respiración consciente, el anclaje sensorial y la repetición de afirmaciones positivas permiten modular la intensidad emocional y mantener la claridad dentro del sueño. Técnicas de distanciamiento y transformación emocional ayudan a resignificar sentimientos que podrían interrumpir la experiencia, permitiendo al soñador mantenerse presente y consciente. Con el tiempo y la práctica, este dominio se fortalece, haciendo posible no solo prolongar la experiencia del sueño lúcido, sino también utilizarla de forma más provechosa, ya sea para autoconocimiento, desarrollo creativo o simplemente para disfrutar de un universo donde la única limitación es la propia imaginación.

Emociones intensas, sean ellas positivas o negativas, pueden desestabilizar el sueño lúcido, llevando al despertar prematuro o a la pérdida de la conciencia. La excitación excesiva, en particular, es frecuentemente citada como una causa común de pérdida de lucidez. Esto ocurre porque la excitación aumenta la actividad cerebral, acercándola al estado de vigilia y haciendo más difícil mantener el estado de sueño.

Por lo tanto, aprender a controlar las emociones dentro del sueño lúcido es una habilidad crucial para quien desea prolongar y profundizar sus experiencias oníricas. No se trata de suprimir las emociones, sino de administrarlas de forma consciente, evitando que ellas dominen la experiencia e interrumpan la lucidez.

Estrategias para Controlar las Emociones:

Reconocimiento y Aceptación: El primer paso para controlar las emociones es reconocerlas y aceptarlas. Cuando percibas que estás sintiendo una emoción intensa (sea alegría, excitación, miedo, rabia, tristeza), no intentes reprimirla o negarla. Simplemente reconoce la emoción: "Estoy sintiendo alegría", "Estoy sintiendo miedo", "Estoy muy excitado". La aceptación de la emoción, sin juzgar, ya ayuda a disminuir su intensidad.

Respiración Consciente: La respiración consciente es una herramienta poderosa para regular las emociones. Cuando sientas una emoción intensa, concéntrate en tu respiración. Inspira lenta y profundamente por la nariz, llenando el abdomen de aire, y espira lentamente por la boca. Repite este proceso algunas veces, hasta sentir que la emoción disminuye de intensidad. La respiración consciente ayuda a calmar el sistema nervioso y a traer la mente de vuelta al momento presente.

Anclaje Sensorial (Revisión): El anclaje sensorial, ya mencionado en capítulos anteriores, también es útil para controlar las emociones. Al concentrarte en los detalles sensoriales del sueño (visión, tacto, audición, olfato, gusto), desvías la atención de la emoción y fortaleces tu conexión con el ambiente onírico.

Afirmaciones Positivas (Revisión): Repite mentalmente frases que refuercen tu calma y tu control sobre la experiencia. Por ejemplo: "Estoy calmado y consciente", "Estoy en control de este sueño", "Puedo sentir alegría sin perder la lucidez". Las afirmaciones positivas ayudan a reprogramar la mente y a sustituir emociones negativas por emociones más positivas y equilibradas.

Distanciamiento: Si la emoción es muy intensa, intenta distanciarte de la situación que la está causando. Imagina que eres un observador imparcial, asistiendo a una película. Este distanciamiento emocional puede ayudar a reducir la intensidad de la emoción y a evitar que ella domine la experiencia.

Transformación de la Emoción: En vez de luchar contra la emoción, intenta transformarla. Si estás sintiendo miedo, por ejemplo, intenta transformar el miedo en curiosidad o coraje. Si estás sintiendo rabia, intenta transformar la rabia en compasión o perdón. La capacidad de transformar emociones es una habilidad poderosa que puede ser desarrollada con la práctica.

Humor: Usa el sentido del humor. Muchas veces la simple actitud de reírse de una situación, puede disolver una carga emocional negativa.

Visualización: Crea mentalmente una imagen que represente la calma y el control. Puede ser la imagen de un lago tranquilo, de una montaña imponente, de una luz suave o de cualquier otra cosa que te transmita una sensación de paz y serenidad. Visualiza esa imagen siempre que necesites calmarte.

Controlar las emociones en un sueño lúcido es una habilidad que se desarrolla con la práctica. No te presiones a la perfección inmediata. Comienza con técnicas simples, como la respiración consciente y las afirmaciones positivas, y gradualmente experimenta otras estrategias. Con el tiempo, te volverás más hábil en administrar tus emociones y en mantener la lucidez, incluso ante experiencias oníricas intensas.

Capítulo 22
Autoterapia Onírica

La mente humana posee una capacidad notable para sanar y transformarse a través de la experiencia subjetiva, y los sueños lúcidos representan un espacio privilegiado para este proceso. Dentro del universo onírico, el soñador puede acceder a aspectos profundos de su psique, revisitar recuerdos, enfrentar desafíos emocionales y resignificar experiencias traumáticas sin los límites de la realidad física. La autoterapia onírica se basa en el principio de que, al interactuar conscientemente con símbolos y emociones manifestados en los sueños, es posible promover una profunda sanación emocional. El cerebro, al vivenciar situaciones dentro del sueño como si fueran reales, responde con cambios perceptivos y emocionales que pueden tener efectos terapéuticos duraderos en la vida despierta. Así, los sueños lúcidos se convierten en una herramienta poderosa para aquellos que buscan comprenderse mejor a sí mismos, superar miedos y bloqueos, y transformar patrones limitantes.

El proceso terapéutico dentro del sueño lúcido ocurre por medio de la interacción directa con elementos simbólicos que representan cuestiones emocionales. Los miedos pueden manifestarse como criaturas amenazadoras, los traumas pueden surgir en forma de escenarios recurrentes, y los desafíos personales pueden ser encarnados por personajes específicos. En lugar de evitar estas manifestaciones, el soñador lúcido tiene la oportunidad de confrontarlas de manera segura, promoviendo la integración de aspectos reprimidos de la psique. Esta aproximación posibilita diálogos internos significativos, cambios en la percepción sobre eventos pasados e incluso el desarrollo de nuevas respuestas emocionales. La plasticidad del sueño permite que el individuo recree situaciones de forma positiva, sustituyendo sentimientos de impotencia por empoderamiento, de miedo por coraje y de dolor por aceptación.

Además, la práctica continua de la autoterapia onírica fortalece la inteligencia emocional y la resiliencia psicológica. El simple hecho de establecer la intención de resolver cuestiones emocionales por medio de los sueños ya estimula la mente a trabajar en pro de la sanación. Al despertar, la reflexión sobre las experiencias vividas en el sueño permite consolidar aprendizajes y aplicarlos en la realidad. Aunque la autoterapia onírica no sustituye tratamientos convencionales para trastornos graves, se presenta como un complemento valioso, ayudando al individuo a acceder a *insights* profundos y a construir un camino de autoconocimiento y bienestar. Con persistencia y sensibilidad, los sueños lúcidos pueden convertirse en un espacio de sanación y crecimiento, donde el soñador se transforma en el arquitecto de su propia transformación emocional.

Es importante resaltar que la autoterapia onírica no sustituye la terapia convencional con un profesional cualificado. Si usted está lidiando con traumas graves o trastornos mentales, es fundamental buscar la ayuda de un psicólogo o psiquiatra. No obstante, la autoterapia onírica puede ser un complemento valioso al tratamiento tradicional, acelerando el proceso de sanación y proporcionando *insights* profundos.

Ejercicios Paso a Paso:

Identificación del Problema:

Antes de iniciar la autoterapia onírica, es importante identificar claramente el problema que usted desea abordar. Puede ser un miedo específico (a las alturas, a los animales, a hablar en público), un trauma del pasado, un patrón de comportamiento negativo, un sentimiento recurrente de tristeza o ansiedad, o cualquier otra cuestión emocional que esté afectando su vida.

Use su diario de sueños para identificar patrones y temas recurrentes que puedan estar relacionados con el problema. Preste atención a los sueños que evocan emociones intensas, incluso si no son lúcidos.

Incubación del Sueño:

La incubación de sueños es una técnica que implica enfocarse intensamente en una pregunta o problema antes de dormir, con la esperanza de que el sueño traiga una respuesta, un *insight* o una oportunidad de sanación.

Antes de dormir, escriba en su diario de sueños el problema que usted desea abordar. Sea específico. Por ejemplo: "Quiero entender el origen de mi miedo a las alturas y superarlo en un sueño lúcido".

Visualícese enfrentando y superando el problema en un sueño lúcido. Imagínese sintiéndose calmado, confiado y en control de la situación.

Repita mentalmente una frase que exprese su intención de tener un sueño lúcido sobre el problema. Por ejemplo: "Esta noche, tendré un sueño lúcido sobre mi miedo a las alturas y voy a superarlo".

Inducción de la Lucidez:

Utilice las técnicas de inducción de sueños lúcidos que usted ya ha aprendido (MILD, WILD, WBTB, pruebas de realidad, etc.) para aumentar sus posibilidades de volverse consciente dentro del sueño.

Si usted tiene un sueño recurrente relacionado con el problema, úselo como un gatillo para la lucidez (vea el Capítulo 15).

Confrontación y Resolución (dentro del sueño lúcido):

Así que perciba que está soñando, estabilice el sueño utilizando las técnicas de anclaje sensorial, rotación corporal y afirmaciones positivas (vea los Capítulos 17 y 18).

Convoque el problema que usted desea abordar. Esto puede hacerse simplemente pensando en él, visualizándolo o llamándolo verbalmente. Por ejemplo, si usted tiene miedo a las arañas, puede decir: "Quiero enfrentar mi miedo a las arañas ahora".

El problema puede manifestarse de diversas formas: como un personaje, un objeto, un escenario, una situación o una emoción.

Confronte el problema con coraje y determinación. Recuerde que usted está en un sueño y tiene control sobre la experiencia.

Utilice diferentes estrategias para lidiar con el problema, dependiendo de su naturaleza:

Diálogo: Converse con el personaje, objeto o situación que representa el problema. Pregunte por qué está allí, qué representa, qué quiere enseñarle.

Transformación: Use su poder onírico para transformar el problema en algo positivo o inofensivo. Por ejemplo, usted puede transformar una araña gigante en una araña pequeña y amigable, o un monstruo aterrador en un personaje gracioso.

Enfrentamiento: Enfréntese al problema directamente. Si usted tiene miedo a las alturas, puede imaginarse escalando una montaña o volando sin miedo.

Reencuadre: Cambie su perspectiva sobre el problema. Véalo como un desafío, una oportunidad de aprendizaje o crecimiento.

Perdón: Si el problema involucra rencor, resentimiento o culpa, practique el perdón, tanto a sí mismo como a los demás.

Sienta y exprese las emociones. No retenga ni reprima las emociones que surjan.

Integración (después del sueño):

Al despertar, anote todos los detalles del sueño en su diario, incluyendo las emociones que usted sintió, las estrategias que utilizó y los resultados que obtuvo.

Reflexione sobre el significado del sueño y cómo se relaciona con su vida despierta.

Continúe trabajando en el problema en su vida despierta, utilizando los *insights* y las habilidades que usted ha desarrollado en el sueño lúcido.

La autoterapia onírica es un proceso gradual e individual. No espere resultados milagrosos de un único sueño. Sea paciente, persistente y compasivo consigo mismo. Con la práctica regular, los sueños lúcidos pueden convertirse en una herramienta poderosa para la sanación emocional y el autoconocimiento.

Capítulo 23
Explorando Escenarios

La experiencia de un sueño lúcido permite una inmersión total en realidades alternativas, donde el soñador asume el papel de creador de su propio universo. A diferencia del estado despierto, donde las leyes de la física y las limitaciones del mundo material imponen barreras, en el sueño lúcido el ambiente se moldea a la voluntad del soñador, haciendo posible no solo observar, sino interactuar y transformar los escenarios con un simple pensamiento o gesto. Este poder de manipulación no se restringe a la estética del sueño, sino que se extiende al significado y a la funcionalidad de los espacios oníricos, permitiendo la creación de ambientes que reflejan emociones, deseos y aspectos profundos de la psique. De esta forma, explorar escenarios en un sueño lúcido no es solo una experiencia visual impresionante, sino también un proceso de autodescubrimiento, creatividad y crecimiento personal.

La creación y modificación de escenarios en el sueño lúcido ocurren por medio de la intención y la expectativa. La mente, al reconocer que está soñando, adquiere un grado elevado de maleabilidad, respondiendo rápidamente a comandos internos. Visualizar un ambiente deseado con riqueza de detalles, creer plenamente en su materialización y realizar gestos simbólicos para invocar el cambio son estrategias fundamentales para moldear el mundo onírico de acuerdo con la voluntad del soñador. La práctica continua de este control estimula la creatividad y fortalece la autoconfianza, permitiendo que el individuo utilice los sueños como un espacio seguro para la experimentación y la expresión. Además, al explorar nuevos escenarios e interactuar con paisajes fantásticos, el soñador puede acceder a inspiraciones para actividades artísticas, solucionar problemas del mundo despierto o incluso superar bloqueos emocionales al crear ambientes que promuevan sentimientos de seguridad y bienestar.

Con el tiempo y la práctica, la habilidad de controlar escenarios en el sueño lúcido se vuelve más refinada, posibilitando transformaciones instantáneas y expansiones ilimitadas del espacio onírico. El soñador puede viajar entre mundos ficticios, recrear lugares del pasado, proyectar ambientes futuristas o incluso construir paisajes inéditos que desafíen cualquier concepto de la realidad física. Esta libertad proporciona una experiencia única de exploración y aprendizaje, donde cada detalle del escenario puede contener mensajes del subconsciente o servir como palco para aventuras extraordinarias. Más que una habilidad lúdica, la capacidad de moldear los sueños se convierte en un instrumento valioso para el autoconocimiento y para la expansión de los horizontes mentales, permitiendo que el soñador sobrepase los límites de la imaginación y explore todo el potencial creativo de la mente humana.

Esta capacidad de manipular el ambiente del sueño no es solo divertida, sino que también puede ser utilizada para fines terapéuticos, creativos y de desarrollo personal. Puedes usar el control del escenario para:

Superar miedos y fobias: Crea un ambiente seguro y controlado para enfrentar tus miedos (por ejemplo, volar si tienes miedo a las alturas, hablar en público si tienes miedo escénico).

Explorar la creatividad: Crea escenarios inspiradores para componer música, escribir historias, pintar cuadros o resolver problemas.

Practicar habilidades: Simula situaciones de la vida real para practicar habilidades, como hablar un nuevo idioma, hacer una presentación o tocar un instrumento musical.

Realizar deseos: Experimenta cosas que serían imposibles en el mundo físico, como volar, respirar bajo el agua, visitar otros planetas o encontrar personas que ya se fueron.

Autoconocimiento: Explora tu propio mundo interior, creando escenarios que representen tus sentimientos, emociones, recuerdos o aspectos de tu personalidad.

Cómo Crear y Modificar Escenarios:

Intención Clara: El primer paso para controlar el ambiente del sueño es tener una intención clara de lo que quieres crear o modificar. Cuanto más específica sea tu intención, más fácil será realizarla. En lugar de pensar "Quiero estar en un lugar bonito", piensa "Quiero estar en una playa tropical, con arena blanca, agua cristalina y cocoteros".

Visualización: Visualiza el escenario que deseas crear con el máximo de detalles posible. Imagina los colores, las formas, los sonidos, los olores, las texturas. Cuanto más vívida sea tu visualización, más fácil será materializarla en el sueño.

Afirmación: Usa afirmaciones verbales o mentales para reforzar tu intención. Por ejemplo: "Estoy creando una playa tropical", "La arena es blanca y suave", "El agua es cristalina y cálida".

Acción: Realiza una acción que simbolice la creación o modificación del escenario. Puedes:

Señalar y Ordenar: Señala un lugar vacío y di: "Aquí va a aparecer una playa tropical".

Dibujar o Pintar: Imagina que tienes un pincel o un bolígrafo mágico y dibuja o pinta el escenario en el aire.

Construir: Imagina que tienes las herramientas y los materiales necesarios para construir el escenario.

Abrir una Puerta: Imagina que detrás de una puerta está el escenario que deseas. Abre la puerta y entra en el nuevo ambiente.

Girar: Gira sobre ti mismo y visualiza el nuevo escenario materializándose a tu alrededor.

Chasquear los Dedos: Chasquea los dedos y visualiza el cambio sucediendo instantáneamente.

Expectativa: Cree que tu intención se realizará. La expectativa es un factor crucial en el control de los sueños lúcidos. Si dudas de tu capacidad de crear o modificar el escenario, será más difícil hacerlo.

Persistencia: Si el escenario no se materializa inmediatamente, no desistas. Continúa visualizando, afirmando y realizando acciones hasta que tu intención se concrete. La práctica lleva a la perfección.

Estabilización: Utiliza las técnicas de estabilización para mantener tu sueño nítido.

Consejos Adicionales:

Comienza con Pequeñas Modificaciones: Si eres principiante en el control de los sueños lúcidos, comienza con pequeñas modificaciones en el ambiente. Por ejemplo, intenta cambiar el color de un objeto, hacer aparecer una flor o alterar el clima. A medida que ganes confianza, podrás intentar creaciones más complejas.

Usa la Creatividad: No hay límites para lo que puedes crear en un sueño lúcido. Usa tu imaginación y creatividad para crear escenarios únicos y personalizados.

Diviértete: El control del ambiente onírico es una experiencia increíblemente divertida y liberadora. Aprovecha la oportunidad para explorar tu potencial creativo y realizar tus deseos más fantásticos.

La capacidad de controlar el ambiente del sueño es una de las habilidades más poderosas que los sueños lúcidos ofrecen. Con práctica y dedicación, podrás convertirte en el maestro de tu propio universo onírico, creando y modificando escenarios a voluntad, explorando tu creatividad y expandiendo los límites de tu imaginación.

Capítulo 24
Viajes Profundos

Los sueños lúcidos abren puertas a dimensiones ocultas de la mente, permitiendo una jornada profunda al interior del subconsciente. Al volverse consciente dentro del sueño, el individuo accede a un estado mental privilegiado donde recuerdos, emociones y patrones inconscientes emergen de manera simbólica, posibilitando una exploración sin las limitaciones del pensamiento racional. A diferencia de la realidad despierta, donde los procesos mentales siguen una estructura lineal, en el universo onírico la mente se manifiesta de forma fluida y creativa, conectando fragmentos de la experiencia personal de manera inesperada y reveladora. Esta inmersión puede proporcionar desde la comprensión de traumas pasados hasta el descubrimiento de talentos dormidos, funcionando como una herramienta poderosa para el autoconocimiento y la transformación emocional.

Profundizar en el subconsciente por medio de los sueños lúcidos exige un abordaje estructurado e intencional. Antes de dormir, definir un propósito claro para la experiencia aumenta las chances de acceder a contenidos significativos. Durante el sueño, técnicas como la creación de portales, la invocación de guías simbólicos y la exploración de escenarios metafóricos facilitan la navegación por las capas más profundas de la mente. Cada elemento del sueño puede contener un mensaje oculto: una casa puede representar diferentes aspectos de la personalidad, un océano puede simbolizar emociones reprimidas y una caverna puede indicar secretos internos esperando ser descubiertos. Al interactuar conscientemente con estos símbolos, el soñador desvela conexiones que normalmente permanecerían inaccesibles en la vigilia.

A pesar del enorme potencial transformador de esta práctica, es esencial abordarla con respeto y discernimiento. El subconsciente puede revelar contenidos desafiantes, trayendo a la superficie miedos e inseguridades que estaban latentes. Aceptar estas revelaciones sin resistencia, observándolas con curiosidad y sin juzgamiento, permite la integración de estas partes de la psique de manera saludable. Registrar las experiencias al despertar, reflexionar sobre los *insights* obtenidos y buscar apoyo, cuando sea necesario, fortalece el proceso de asimilación y aplicación de este conocimiento en la vida cotidiana. Con el tiempo, esta exploración consciente del subconsciente no solo profundiza la comprensión sobre uno mismo, sino que también fortalece la capacidad de lidiar con emociones, tomar decisiones más alineadas y vivir de forma más auténtica y equilibrada.

Es importante resaltar que la exploración del subconsciente en sueños lúcidos no está exenta de riesgos. Uno puede encontrarse con contenidos perturbadores, miedos, traumas o aspectos de la personalidad que se prefiere evitar. Por lo tanto, es fundamental abordar esta práctica con cautela, respeto y, si es necesario, con el acompañamiento de un profesional de la salud mental.

Técnicas para Acceder a Capas Más Profundas del Subconsciente:

Intención Clara: Antes de iniciar el "viaje profundo", define tu intención. ¿Qué quieres explorar en tu subconsciente? ¿Qué preguntas quieres responder? ¿Qué aspectos de tu personalidad quieres conocer mejor? Cuanto más clara sea tu intención, más dirigida será tu experiencia.

Incubación de Sueños (Revisión): Utiliza la técnica de incubación de sueños (detallada en el Capítulo 20) para dirigir el contenido de tu sueño lúcido. Antes de dormir, concéntrate intensamente en tu intención, visualízate explorando tu subconsciente y repite una frase que exprese tu objetivo.

Portales y Pasajes: En un sueño lúcido, crea un portal, una puerta, un ascensor, una escalera, un túnel o cualquier otro pasaje que simbolice la entrada a tu subconsciente. Visualiza que, al atravesar ese pasaje, estarás accediendo a capas más profundas de tu mente.

Guía Onírico: Invoca un guía onírico, un personaje (real o imaginario) que pueda acompañarte y orientarte en tu exploración del subconsciente. Este guía puede ser un mentor, un animal de poder, un ángel, un ser querido que ya falleció, o cualquier otra figura que te transmita confianza y sabiduría.

Diálogo con el Subconsciente: Conversa con los personajes, objetos o escenarios que surjan en tu sueño.

Pregunta qué representan, qué quieren mostrarte, cuál es el mensaje que tienen para ti. Recuerda que, en un sueño lúcido, todo es una proyección de tu propia mente, por lo tanto, el diálogo con los elementos del sueño es, en realidad, un diálogo con tu propio subconsciente.

Exploración de Escenarios Simbólicos: Crea escenarios que representen simbólicamente tu subconsciente. Por ejemplo:

Una casa: Cada habitación de la casa puede representar un aspecto de tu personalidad o una fase de tu vida. Explora las habitaciones, observa los objetos, abre los cajones, busca mensajes ocultos.

Un océano: Sumérgete en las profundidades del océano, que puede simbolizar el inconsciente profundo. Observa las criaturas que habitan este océano, los objetos que encuentras en el fondo del mar.

Un bosque: Camina por un bosque denso, que puede representar el laberinto de tu mente. Observa los árboles, los animales, los caminos, los obstáculos.

Una caverna: Entra en una caverna oscura, que puede simbolizar lo desconocido. Explora la caverna con coraje, buscando tesoros ocultos (*insights*, recuerdos, talentos).

Meditación en el Sueño: Encuentra un lugar tranquilo dentro del sueño y practica la meditación. La meditación puede ayudar a calmar la mente, profundizar la lucidez y facilitar el acceso a contenidos inconscientes.

Escritura Automática en el Sueño: Toma un cuaderno y un bolígrafo (dentro del sueño) y practica la escritura automática. Deja que tu mano escriba libremente, sin censura ni juzgamiento. Las palabras que surjan pueden revelar mensajes de tu subconsciente.

Aceptación e Integración: Al explorar las capas profundas, es importante prestar atención a las emociones y aceptarlas.

Consideraciones Importantes:

Autoconocimiento: La exploración del subconsciente en sueños lúcidos requiere un buen nivel de autoconocimiento y madurez emocional. Estate preparado para encontrarte con contenidos desafiantes.

Autocuidado: Cuídate durante y después de la experiencia. Si te sientes sobrecargado o perturbado, interrumpe la exploración y busca apoyo.

Interpretación: Anota tus sueños en tu diario y reflexiona sobre los símbolos, las emociones y los mensajes que surgieron. La interpretación de los sueños puede ser un proceso complejo, y la ayuda de un terapeuta puede ser valiosa.

El "viaje profundo" al subconsciente en sueños lúcidos es una jornada de autodescubrimiento que puede traer *insights* transformadores. Con práctica, coraje y respeto, podrás desvelar los misterios de tu propia mente y usar ese conocimiento para promover tu crecimiento personal y bienestar.

Capítulo 25
Encuentros Oníricos

Los sueños lúcidos ofrecen una dimensión extraordinaria donde el soñador puede interactuar conscientemente con personajes oníricos que representan diferentes aspectos de su psique, recuerdos o arquetipos universales. Estas interacciones trascienden el mero entretenimiento, funcionando como puentes hacia el autoconocimiento, la resolución de conflictos internos e incluso la curación emocional. En el ambiente onírico, figuras conocidas o desconocidas pueden surgir cargadas de simbolismo, reflejando partes ocultas de la personalidad, emociones reprimidas o enseñanzas valiosas. Ya sea al conversar con un ser querido fallecido, buscar consejos de una figura sabia o interactuar con un personaje ficticio admirado, cada encuentro trae la posibilidad de descubrimientos profundos y transformadores.

La manifestación de estos personajes no ocurre al azar. La intención clara y la expectativa desempeñan un papel crucial en la materialización de las figuras deseadas dentro del sueño. La mente subconsciente responde a los comandos del soñador, de modo que visualizar la presencia del personaje, llamarlo verbalmente o crear un ambiente propicio para el encuentro aumenta significativamente las posibilidades de su aparición. Además, comprender que cada personaje onírico, independientemente de la forma que asuma, representa una parte del propio soñador permite interacciones más provechosas y reveladoras. Estos encuentros pueden traer respuestas inesperadas a dudas persistentes, ofrecer nuevas perspectivas sobre desafíos de la vida real o proporcionar experiencias emocionales intensas y liberadoras.

Para que la experiencia sea enriquecedora, es fundamental mantener la lucidez e interactuar con respeto y curiosidad. Hacer preguntas directas a los personajes, observar sus reacciones y prestar atención tanto a las palabras como al lenguaje corporal puede revelar mensajes profundos provenientes del subconsciente. Muchas veces, personajes hostiles o desafiantes representan miedos, traumas o aspectos reprimidos que piden reconocimiento e integración. Abordarlos con empatía y comprensión, en lugar de huir o enfrentarlos con agresividad, permite transformar el sueño en una poderosa herramienta de crecimiento. Con práctica y apertura a estas interacciones, los encuentros oníricos se convierten en un canal valioso para la exploración de la mente y la evolución personal, haciendo de los sueños lúcidos una experiencia aún más significativa y enriquecedora.

Estos encuentros oníricos pueden tener diversos propósitos:

Autoconocimiento: Conversar con personajes que representan partes de tu propio ser (como el niño interior, la sombra, el ego ideal) puede brindar *insights* profundos sobre tu personalidad, tus conflictos internos y tu potencial de crecimiento.

Resolución de Conflictos: Interactuar con personas con quienes tienes conflictos en la vida real (en un ambiente seguro y controlado) puede ayudar a encontrar nuevas perspectivas, a expresar emociones reprimidas y a buscar soluciones a los problemas.

Consejo y Orientación: Buscar consejos de figuras sabias (reales o imaginarias) puede aportar inspiración, claridad y dirección en momentos de duda o dificultad.

Curación Emocional: Encontrarse con seres queridos que ya han fallecido puede traer consuelo, alivio de la añoranza y la oportunidad de despedirse o de resolver asuntos pendientes.

Creatividad: Interactuar con artistas, escritores, científicos o inventores (reales o imaginarios) puede estimular tu creatividad, aportar nuevas ideas e inspiración para tus proyectos.

Entretenimiento: Simplemente conversar con tus personajes favoritos de películas, libros o juegos puede ser una experiencia divertida y emocionante.

Cómo Invocar Personajes:

Intención Clara: Antes de intentar invocar un personaje, define claramente a quién quieres encontrar y por qué. Cuanto más específica sea tu intención, más fácil será realizar el encuentro.

Visualización: Visualiza al personaje con el máximo detalle posible. Imagina su rostro, su voz, su ropa, su postura, su energía. Cuanto más vívida sea tu visualización, más fácil será traerlo a tu sueño.

Llamado Verbal: Llama al personaje por su nombre, en voz alta o mentalmente. Di algo como: "Quiero encontrar a [nombre del personaje] ahora", "Convoco a [nombre del personaje] a este sueño".

Creación de un Portal: Imagina un portal, una puerta, un espejo o cualquier otro pasaje que pueda llevar al encuentro con el personaje. Visualiza al personaje surgiendo a través de ese pasaje.

Expectativa: Cree que el personaje aparecerá. La expectativa es un factor crucial en el control de los sueños lúcidos. Si dudas de tu capacidad para invocar al personaje, será más difícil hacerlo.

Ambiente Propicio: Crea un ambiente propicio para el encuentro. Si quieres encontrar a un escritor, puedes crear una biblioteca o un despacho. Si quieres encontrar a un guerrero, puedes crear un campo de batalla o un castillo.

Técnica del Objeto: Imagina que tienes un objeto que pertenece a esa persona y concéntrate en ese objeto.

Cómo Interactuar Conscientemente:

Mantén la Lucidez: Recuerda que estás soñando y que tienes control sobre la experiencia. Utiliza las técnicas de estabilización onírica (anclaje sensorial, rotación corporal, afirmaciones positivas) para mantener la lucidez.

Sé Respetuoso: Trata a los personajes oníricos con respeto, incluso si son representaciones de aspectos negativos de tu personalidad o de personas con quienes tienes conflictos. Recuerda que son parte de ti.

Haz Preguntas: Haz preguntas a los personajes. Pregúntales qué representan, qué quieren enseñarte, cuál es el mensaje que tienen para ti. Sé curioso y abierto a las respuestas.

Escucha Atentamente: Escucha atentamente lo que los personajes tienen que decir. Sus respuestas pueden ser sorprendentes, reveladoras y transformadoras.

Expresa tus Emociones: No tengas miedo de expresar tus emociones a los personajes oníricos. Si sientes rabia, tristeza, miedo o alegría, expresa esos sentimientos de forma auténtica.

Observa el Lenguaje Corporal: Presta atención al lenguaje corporal de los personajes. La postura, los gestos, las expresiones faciales pueden revelar información importante sobre su estado emocional y sus intenciones.

No te Dejes Llevar: Mantén el control de la situación. No te dejes llevar por emociones intensas o por acciones impulsivas. Recuerda que eres el soñador lúcido y tienes el poder de dirigir la experiencia.

Los encuentros oníricos pueden ser experiencias profundas y significativas, que abren un canal de comunicación directo con tu subconsciente y con el mundo de los símbolos. Con práctica e intención, podrás usar esta herramienta para promover tu autoconocimiento, tu curación emocional y tu desarrollo personal.

Capítulo 26
Entrenamiento Onírico

El entrenamiento onírico utiliza el vasto potencial de los sueños lúcidos para perfeccionar habilidades de una manera altamente eficaz. Durante el estado de lucidez en los sueños, el cerebro puede simular con gran realismo cualquier experiencia deseada, permitiendo que el practicante refine sus movimientos, refuerce patrones mentales y desarrolle mayor dominio sobre una actividad determinada. Esta técnica se basa en el principio de que el cerebro no distingue completamente una experiencia vivida en el mundo real de aquella experimentada de forma vívida en la mente. Así, al entrenar dentro del sueño lúcido, la persona estimula las mismas conexiones neuronales involucradas en la práctica física, haciendo que el aprendizaje y la consolidación de la habilidad sean significativamente más eficaces.

A diferencia de la simple visualización consciente durante la vigilia, los sueños lúcidos proporcionan un ambiente dinámico e interactivo, permitiendo que el individuo sienta texturas, perciba sonidos, ajuste su rendimiento en tiempo real y experimente emociones auténticas asociadas al acto de realizar la tarea. Este nivel de inmersión aumenta la capacidad de retención y facilita la reproducción precisa de la actividad en el mundo despierto.

La aplicación del entrenamiento onírico puede abarcar diversas áreas del conocimiento y del desempeño humano. Los atletas pueden refinar sus técnicas, ensayando movimientos con precisión y repetición controlada. Los músicos pueden ejecutar fragmentos complejos de una composición, sintiendo la resistencia de las cuerdas, la respuesta del instrumento y el flujo de la melodía sin depender de la práctica física. Los profesionales que necesitan lidiar con presentaciones públicas, como oradores y actores, pueden simular escenarios de audiencias variadas y desarrollar mayor seguridad al discursar. Incluso actividades que involucran habilidades motoras finas, como la cirugía o la caligrafía, pueden ser mejoradas por medio de la repetición consciente en un sueño lúcido. Como el cerebro interpreta estas experiencias de manera realista, la práctica nocturna se refleja en el desempeño diurno, optimizando el aprendizaje sin exigir desgaste físico. Además, el entrenamiento onírico puede ser especialmente beneficioso para la rehabilitación de pacientes que necesitan recuperar movimientos o fortalecer patrones motores después de lesiones, ofreciendo un medio de práctica sin riesgo de agravamiento de la condición física.

La eficacia de esta aproximación está sustentada por estudios científicos que demuestran la capacidad del ensayo mental de fortalecer conexiones neuronales y mejorar el desempeño en diversas áreas. Al despertar, el cerebro registra las experiencias vividas en el sueño como si fueran reales, permitiendo que las nuevas informaciones se integren al repertorio motor y cognitivo del individuo. Esta técnica también favorece el desarrollo de la autoconfianza, pues permite que el practicante experimente la sensación de éxito repetidas veces, reduciendo la ansiedad asociada a la ejecución real de la tarea. Además, el ambiente de los sueños lúcidos permite probar estrategias innovadoras, explorar nuevas aproximaciones para desafíos e incluso simular dificultades específicas para desarrollar resiliencia ante imprevistos. De esta forma, al utilizar los sueños lúcidos como un campo de entrenamiento, cualquier persona puede mejorar sus habilidades, superar limitaciones y acelerar su progreso de manera natural y eficiente.

La ventaja de realizar el ensayo mental en un sueño lúcido es que la experiencia es mucho más vívida y realista que la simple visualización en estado de vigilia. En el sueño lúcido, puedes involucrar todos tus sentidos (vista, tacto, oído, olfato, gusto), experimentar las emociones asociadas a la actividad e interactuar con el ambiente de forma dinámica. Esto hace que el ensayo mental sea mucho más eficaz.

Estudios científicos han demostrado que el ensayo mental puede mejorar el desempeño en diversas áreas, como deportes, música, artes escénicas, oratoria, cirugía y rehabilitación física. Se cree que el ensayo mental fortalece las conexiones neuronales asociadas a la habilidad practicada, preparando el cerebro y el cuerpo para la ejecución real de la actividad.

Pasos para el Entrenamiento Onírico:

Definir la Habilidad: Elige la habilidad que deseas practicar en tu sueño lúcido. Puede ser cualquier cosa, desde tocar un instrumento musical hasta dar un discurso, aprobar un examen, practicar un deporte o realizar una tarea compleja.

Incubación del Sueño (Repaso): Utiliza la técnica de incubación de sueños (detallada en el Capítulo 20) para dirigir el contenido de tu sueño. Antes de dormir, concéntrate intensamente en la habilidad que quieres practicar, visualízate realizando la actividad con perfección y repite una frase que exprese tu intención.

Inducción de la Lucidez: Utiliza las técnicas de inducción de sueños lúcidos (MILD, WILD, WBTB, pruebas de realidad, etc.) para aumentar tus posibilidades de volverte consciente dentro del sueño.

Creación del Escenario (Repaso): Tan pronto como te vuelvas lúcido, crea el escenario ideal para la práctica de tu habilidad. Si quieres practicar un discurso, crea un auditorio con una audiencia. Si quieres practicar un deporte, crea un campo, una cancha o una pista. Usa las técnicas de control del ambiente onírico (detalladas en el Capítulo 20) para hacer que el escenario sea lo más realista posible.

Ensayo Mental Detallado: Comienza a practicar la habilidad elegida, prestando atención a todos los detalles:

Movimientos: Ejecuta los movimientos con precisión, sintiendo cada músculo involucrado en la acción.

Sensaciones: Percibe las sensaciones físicas asociadas a la actividad (el toque de la pelota, el peso del instrumento, la resistencia del aire).

Emociones: Experimenta las emociones que sentirías al realizar la actividad en la vida real (confianza, concentración, determinación, alegría).

Ambiente: Interactúa con el ambiente, observa los detalles, escucha los sonidos.

Resultado: Visualízate alcanzando el resultado deseado (marcando un gol, tocando la música perfectamente, recibiendo aplausos).

Repetición: Repite la práctica varias veces, buscando la perfección en cada repetición. Si cometes un error, corrígelo mentalmente y continúa practicando.

Variación: Varía la práctica, simulando diferentes condiciones y desafíos. Por ejemplo, si estás practicando un deporte, imagínate jugando en diferentes condiciones climáticas, contra diferentes oponentes, en diferentes niveles de dificultad.

Registro: Al despertar, anota los detalles de tu ensayo mental en tu diario de sueños. Describe los movimientos que realizaste, las sensaciones que experimentaste, las emociones que sentiste, los desafíos que enfrentaste y los resultados que obtuviste.

Beneficios del Entrenamiento Onírico:

Mejora del Rendimiento: El ensayo mental en sueños lúcidos puede mejorar el rendimiento en diversas áreas, fortaleciendo las conexiones neuronales asociadas a la habilidad practicada.

Aumento de la Confianza: La práctica exitosa en un sueño lúcido aumenta la confianza en tu capacidad de realizar la actividad en la vida real.

Reducción de la Ansiedad: El ensayo mental puede ayudar a reducir la ansiedad asociada a situaciones desafiantes, como hablar en público o competir en un evento deportivo.

Superar Obstáculos: El entrenamiento onírico puede ayudarte a superar bloqueos.

Aceleración del Aprendizaje: La práctica en sueños lúcidos puede acelerar el aprendizaje de nuevas habilidades, complementando la práctica en el mundo físico.

El entrenamiento onírico es una herramienta poderosa para la mejora de habilidades y para el desarrollo personal. Al combinar la viveza de los sueños lúcidos con la eficacia del ensayo mental, puedes acelerar tu aprendizaje, aumentar tu confianza y alcanzar tus objetivos de forma más rápida y eficiente.

Capítulo 27
Perspectivas Creativas

La mente humana posee una capacidad extraordinaria para conectar ideas, generar soluciones innovadoras y dar vida a conceptos abstractos. Durante los sueños lúcidos, esta habilidad creativa alcanza un nuevo nivel, ya que el cerebro opera sin las limitaciones del pensamiento lógico convencional, permitiendo que ideas inesperadas y asociaciones insólitas florezcan con naturalidad. El ambiente onírico, libre de las ataduras de la realidad física, se convierte en un campo de experimentación sin restricciones, donde formas, colores, sonidos y narrativas se entrelazan para formar perspectivas valiosas. Al tomar conciencia dentro del sueño, el soñador puede dirigir esta creatividad de manera intencional, explorando escenarios, interactuando con personajes simbólicos y probando hipótesis innovadoras. De esta forma, el sueño lúcido se transforma en una herramienta poderosa para la solución de problemas, el desarrollo de proyectos y el descubrimiento de nuevas perspectivas.

El potencial creativo de los sueños ha sido ampliamente reconocido a lo largo de la historia, con innumerables ejemplos de artistas, científicos e inventores que encontraron inspiración en sus experiencias nocturnas. Sin embargo, a diferencia de los sueños comunes, en los que las ideas emergen de manera pasiva y fragmentada, los sueños lúcidos ofrecen un grado de control que permite al soñador explorar conscientemente su propio proceso creativo. Un escritor puede interactuar directamente con personajes de su historia, observando sus gestos y escuchando sus diálogos como si fueran reales. Un músico puede componer y tocar una nueva melodía dentro del sueño, experimentando combinaciones sonoras inéditas. Un científico puede visualizar conceptos abstractos de forma tridimensional, comprendiendo nuevas relaciones entre elementos de su investigación. Este tipo de experiencia no solo facilita la producción creativa, sino que también expande los horizontes del pensamiento, permitiendo que la mente vaya más allá de lo que sería posible en estado de vigilia.

 Además de la exploración directa, los sueños lúcidos también son un terreno fértil para el surgimiento de símbolos y metáforas que pueden ofrecer respuestas inesperadas a desafíos creativos. Muchas veces, la solución para un problema no se presenta de forma obvia, sino que emerge disfrazada en imágenes, escenarios e interacciones aparentemente aleatorias. Al registrar e interpretar estos elementos al despertar, es posible descubrir significados profundos y nuevos enfoques para cuestiones complejas. La creatividad, al fin y al cabo, es un proceso que involucra tanto la generación de ideas como la capacidad de percibir conexiones entre ellas. Los sueños lúcidos potencializan esta dinámica, proporcionando un espacio donde la imaginación se expande libremente, permitiendo que perspectivas transformadoras surjan de maneras sorprendentes e innovadoras.

Muchos artistas, escritores, científicos e inventores han relatado haber encontrado inspiración en sus sueños, tanto en sueños comunes como en sueños lúcidos. La historia está repleta de ejemplos de descubrimientos y creaciones que surgieron a partir de experiencias oníricas (véase el Capítulo 3). Sin embargo, los sueños lúcidos ofrecen una ventaja adicional: la posibilidad de interactuar activamente con el contenido del sueño, de hacer preguntas, de experimentar diferentes soluciones y de explorar escenarios alternativos.

Cómo Usar Sueños Lúcidos para la Solución Creativa de Problemas:

Definir el Problema o Desafío Creativo: Antes de dormir, identifique claramente el problema que desea resolver o el desafío creativo que quiere enfrentar. Puede ser algo relacionado con su trabajo, sus estudios, su vida personal o cualquier otra área en la que necesite una solución o inspiración.

Incubación del Sueño (Revisión): Utilice la técnica de incubación de sueños (detallada en el Capítulo 20) para dirigir el contenido de su sueño. Antes de dormir, concéntrese intensamente en el problema o desafío, visualícese encontrando una solución creativa y repita una frase que exprese su intención. Por ejemplo: "Esta noche, tendré un sueño lúcido que me mostrará la solución para [problema]" o "Tendré un sueño lúcido que me dará inspiración para [proyecto creativo]".

Inducción de la Lucidez: Utilice las técnicas de inducción de sueños lúcidos (MILD, WILD, WBTB, pruebas de realidad, etc.) para aumentar sus posibilidades de volverse consciente dentro del sueño.

Exploración del Ambiente Onírico: Tan pronto como se vuelva lúcido, explore el ambiente del sueño en busca de pistas, símbolos, metáforas o ideas relacionadas con su problema o desafío. Observe los detalles, los colores, las formas, los sonidos, los olores, las texturas. Todo en el sueño puede tener un significado relevante.

Diálogo con Personajes Oníricos: Converse con los personajes que encuentre en el sueño. Pregúnteles sobre su problema o desafío. Ellos pueden ofrecer perspectivas inesperadas, consejos sabios o soluciones creativas. Incluso puede invocar un personaje específico que sea conocido por su creatividad o sabiduría (un artista, un científico, un mentor, etc.).

Experimentación: Use su poder onírico para experimentar diferentes soluciones para el problema. Cree escenarios alternativos, pruebe hipótesis, juegue con las posibilidades. No tenga miedo de equivocarse o de intentar cosas absurdas. El sueño lúcido es un laboratorio de ideas, donde puede experimentar libremente sin las limitaciones del mundo físico.

Búsqueda de Símbolos y Metáforas: Preste atención a los símbolos y metáforas que aparecen en su sueño. Pueden contener mensajes ocultos de su subconsciente, que pueden ser la clave para la solución de su problema o para el desarrollo de una idea creativa.

"Lluvia de Ideas" Onírica: Provoque en su sueño una "lluvia de ideas", permita que su cerebro le presente diversas alternativas, incluso si parecen inconexas.

Registro: Al despertar, anote todos los detalles de su sueño en su diario, incluyendo las ideas, las perspectivas, los símbolos, las metáforas, las soluciones que experimentó y las emociones que sintió.

Reflexión y Aplicación: Reflexione sobre el significado de su sueño y cómo se relaciona con su problema o desafío. Intente extraer las perspectivas relevantes y aplicarlas a su vida despierta.

Ejemplos de Uso Creativo de los Sueños Lúcidos:

Un escritor que sufre de bloqueo creativo puede usar un sueño lúcido para visitar el escenario de su historia, conversar con sus personajes y explorar diferentes desenlaces para la trama.

Un músico que está componiendo una nueva canción puede usar un sueño lúcido para escuchar melodías, experimentar diferentes arreglos y encontrar inspiración para la letra.

Un científico que está trabajando en una nueva teoría puede usar un sueño lúcido para visualizar los conceptos abstractos, probar hipótesis y buscar nuevas perspectivas.

Un inventor que está diseñando un nuevo producto puede usar un sueño lúcido para crear prototipos, experimentar diferentes materiales y probar el funcionamiento del producto en un entorno virtual.

Los sueños lúcidos son una herramienta poderosa para la solución creativa de problemas y para el desarrollo de nuevas ideas. Al combinar la libertad de la imaginación onírica con la conciencia y el control del soñador lúcido, usted puede acceder a un reservorio ilimitado de creatividad y encontrar soluciones innovadoras para los desafíos de su vida.

Capítulo 28
Enfrentando Pesadillas

Las pesadillas, aunque a menudo aterradoras, son poderosas manifestaciones del inconsciente, que sacan a la luz miedos, ansiedades y conflictos internos que pueden permanecer ocultos en la vida despierta. En lugar de ser meramente experiencias perturbadoras, funcionan como espejos de la psique, revelando aspectos que necesitan ser comprendidos, procesados y, en muchos casos, transformados.

Cuando una persona experimenta una pesadilla, su mente está creando un escenario altamente simbólico, en el cual emociones reprimidas y traumas pueden materializarse en forma de persecuciones, criaturas amenazantes, escenarios caóticos o situaciones de desamparo. Estos elementos, lejos de ser meramente aleatorios, representan cuestiones internas que pueden estar siendo ignoradas o evitadas en el día a día.

De esta forma, aprender a lidiar conscientemente con las pesadillas, en especial dentro del contexto de los sueños lúcidos, ofrece una oportunidad única de autodescubrimiento y curación emocional.

Los sueños lúcidos posibilitan un abordaje activo para la resolución de pesadillas, permitiendo que el soñador tome el control de la narrativa y confronte sus miedos de manera directa. En lugar de huir o despertar en pánico, la lucidez permite que la persona cuestione los elementos del sueño, altere el curso de los acontecimientos y descubra lo que hay detrás de la experiencia aterradora. Muchas pesadillas presentan figuras sombrías o entidades amenazantes que, al ser enfrentadas con valentía y curiosidad, se revelan como aspectos internos que necesitan ser integrados a la personalidad del soñador. Un monstruo puede simbolizar un trauma no resuelto, una persecución puede representar una responsabilidad que se intenta evitar, y un ambiente claustrofóbico puede reflejar sentimientos de opresión o falta de control en la vida real. Al interactuar conscientemente con estos elementos y buscar comprenderlos, es posible reconfigurar la relación con el propio miedo, promoviendo crecimiento emocional y psicológico.

Además del enfrentamiento directo, la transformación de las pesadillas en experiencias positivas o neutras es una técnica poderosa para disminuir su recurrencia e impacto emocional. Con la práctica de los sueños lúcidos, el soñador puede desarrollar estrategias para modificar el escenario de la pesadilla, alterar el comportamiento de las figuras amenazantes o incluso transformar sentimientos de terror en sensaciones de calma y seguridad. Una criatura aterradora puede ser convertida en un guía amigable, un ambiente hostil puede volverse un espacio acogedor y una situación de peligro puede ser reescrita para transmitir un mensaje de superación. Esta capacidad de manipulación onírica no solo fortalece el sentido de control sobre los propios sueños, sino que también se refleja en la vida despierta, proporcionando mayor resiliencia ante los desafíos emocionales del día a día. Al aprender a encarar las pesadillas como oportunidades de entendimiento y crecimiento, la persona se vuelve más confiada, equilibrada y capaz de lidiar con sus dificultades internas de manera constructiva.

La psicología, en particular el enfoque junguiano, interpreta las pesadillas como mensajes del inconsciente, que intentan llamar la atención sobre cuestiones no resueltas, conflictos internos, miedos reprimidos o aspectos de la personalidad que necesitan ser integrados. Al enfrentar y comprender el significado de las pesadillas, podemos transformarlas en fuentes de autoconocimiento y curación.

Los sueños lúcidos ofrecen una herramienta poderosa para lidiar con pesadillas. Al volverse consciente dentro de una pesadilla, usted gana la capacidad de controlar la experiencia, de cambiar el curso de los eventos, de confrontar sus miedos y de transformar el sueño en algo positivo o, al menos, menos aterrador.

Cómo Transformar Pesadillas en Sueños Positivos:

Reconocimiento de la Lucidez: El primer paso es reconocer que usted está teniendo una pesadilla. Esto puede ser más fácil si usted ya tiene la costumbre de realizar pruebas de realidad durante el día y si usted tiene un diario de sueños, lo que aumenta su conciencia onírica.

Estabilización del Sueño (Revisión): Tan pronto como perciba que está soñando, estabilice el sueño utilizando las técnicas de anclaje sensorial, rotación corporal y afirmaciones positivas (detalladas en capítulos anteriores). Esto ayudará a mantener la lucidez y a evitar el despertar prematuro.

Control del Miedo: El miedo es la emoción predominante en las pesadillas. Es importante controlar el miedo para no perder la lucidez. Utilice la respiración consciente, afirmaciones positivas y técnicas de distanciamiento emocional (vea el Capítulo 19) para calmarse. Recuerde que usted está en un sueño y tiene el poder de cambiar la experiencia.

Confrontación: Enfrente la fuente de su miedo en la pesadilla. Puede ser un monstruo, un perseguidor, una situación amenazante o cualquier otra cosa que esté causando angustia. Acérquese al elemento aterrador, mírelo, hable con él.

Diálogo: Converse con el monstruo, el perseguidor o la figura amenazante. Pregunte qué representa, qué quiere, por qué está allí, cuál es el mensaje que tiene para usted. Muchas veces, la figura aterradora es una representación simbólica de un miedo, un trauma o un aspecto reprimido de su personalidad.

Transformación: Use su poder onírico para transformar el elemento aterrador en algo positivo o inofensivo. Usted puede transformar un monstruo en una mascota, un perseguidor en un amigo, una situación amenazante en una situación segura. Use su imaginación y creatividad para encontrar la mejor forma de transformar la pesadilla.

Reencuadre: Cambie su perspectiva sobre la pesadilla. Véalo como un desafío, una oportunidad de aprendizaje, un mensaje de su inconsciente. En lugar de sentirse víctima, siéntase como un héroe que enfrenta y supera sus miedos.

Creación de un Final Positivo: Dé a la pesadilla un final positivo. Imagínese superando el miedo, resolviendo el conflicto, alcanzando un objetivo o encontrando un lugar seguro y feliz.

Integración: Al despertar, reflexione sobre el significado, así como sobre las emociones que surgieron.

Ejemplo:

Usted está teniendo una pesadilla recurrente en la que es perseguido por un monstruo. Al volverse lúcido, usted estabiliza el sueño, respira hondo y decide enfrentar al monstruo. Usted se acerca a él y pregunta: "¿Quién es usted? ¿Qué quiere?". El monstruo responde: "Soy su miedo al fracaso". Usted entonces usa su poder onírico para transformar al monstruo en un pequeño cachorro. Usted acaricia al cachorro y dice: "No le tengo miedo. Acepto mis errores y aprendo de ellos". La pesadilla se transforma en un sueño agradable, en el que usted juega con el cachorro en un parque soleado.

Al transformar pesadillas en sueños positivos, usted no solo alivia el sufrimiento causado por estos sueños, sino que también aprende a lidiar con sus miedos e inseguridades de forma más eficaz en su vida despierta. La práctica regular de esta técnica puede llevar a una mayor autoconfianza, resiliencia emocional y bienestar psicológico.

Capítulo 29
Sanación Emocional

Las emociones humanas, cuando no se comprenden o procesan, pueden crear bloqueos profundos que afectan la manera en que una persona vive, se relaciona y se percibe a sí misma. Traumas pasados, miedos inconscientes y patrones de pensamiento negativos a menudo se manifiestan de forma sutil en la vida despierta, moldeando comportamientos y limitando el crecimiento personal. Sin embargo, el subconsciente guarda no solo las heridas emocionales, sino también los medios para sanarlas. Los sueños lúcidos ofrecen un acceso privilegiado a este universo interno, permitiendo que la persona entre en contacto directo con sus emociones reprimidas, modifique narrativas traumáticas y experimente nuevas formas de lidiar con sus dolores. A diferencia del estado de vigilia, en el que la mente consciente a menudo impone barreras a la introspección, los sueños lúcidos crean un ambiente maleable y seguro para la autoexploración, en el cual el soñador puede revisitar eventos del pasado, dialogar con aspectos de su propia psique y transformar su percepción sobre experiencias difíciles.

La principal ventaja de utilizar sueños lúcidos para la sanación emocional radica en la posibilidad de recrear y resignificar experiencias de manera activa. En un estado de lucidez dentro del sueño, el individuo no solo revive memorias emocionales intensas, sino que también puede interactuar conscientemente con ellas, modificando elementos, cambiando desenlaces y experimentando diferentes reacciones. Si un recuerdo doloroso del pasado aún causa sufrimiento, el soñador puede volver a ese momento dentro del sueño lúcido, pero ahora como una versión más fuerte y consciente de sí mismo, capaz de ofrecer apoyo a su propio niño interior, confrontar figuras simbólicas asociadas al trauma o incluso sustituir una situación de miedo e impotencia por un escenario de empoderamiento y resolución. Este tipo de práctica no altera los hechos de la vida real, pero permite que la mente procese esas memorias de una manera menos dolorosa, reduciendo su carga emocional y promoviendo la sanación desde dentro hacia afuera.

Además del trabajo con traumas pasados, los sueños lúcidos posibilitan la integración de diferentes aspectos de la personalidad, especialmente aquellos que han sido reprimidos o negados a lo largo de la vida. En la psicología analítica, Carl Jung describe la "sombra" como la parte del inconsciente donde residen deseos, impulsos y características que el individuo no acepta en sí mismo. En muchos casos, esta sombra se manifiesta en los sueños por medio de figuras aterradoras u hostiles, reflejando los miedos y conflictos internos de la persona. Sin embargo, en lugar de evitar o combatir estos elementos, el soñador lúcido tiene la oportunidad de confrontarlos y comprenderlos. Lo que antes parecía una amenaza puede revelarse como una parte esencial de la personalidad que necesita ser acogida e integrada. Este proceso de aceptación permite una mayor autenticidad en la vida despierta, reduciendo la necesidad de máscaras sociales y promoviendo un sentido más profundo de equilibrio emocional. De esta forma, al utilizar los sueños lúcidos como herramienta de autoconocimiento, la persona puede transformar su relación con sus emociones, superar barreras internas y construir un estado de bienestar más sólido y duradero.

La ventaja de usar sueños lúcidos para la sanación emocional es que, en ellos, podemos acceder directamente a nuestro subconsciente, donde muchas de estas cuestiones están arraigadas. Podemos dialogar con las partes de nosotros mismos que están heridas, expresar emociones reprimidas, reescribir narrativas traumáticas y experimentar nuevas formas de ser y de relacionarnos.

Es importante resaltar, una vez más, que la sanación emocional en sueños lúcidos no sustituye la terapia convencional. Si estás lidiando con traumas graves o trastornos mentales, es fundamental buscar la ayuda de un profesional de la salud mental. Sin embargo, la práctica de la lucidez onírica puede ser un complemento valioso al tratamiento tradicional, acelerando el proceso de sanación y proporcionando *insights* profundos.

Ejercicios Prácticos para la Sanación Emocional:
Reencuentro con el Niño Interior:

Objetivo: Reconectarse con su niño interior, sanar heridas emocionales de la infancia, nutrir a su niño interior y rescatar la alegría, la espontaneidad y la creatividad.

Paso a paso: Incubación del Sueño: Antes de dormir, concéntrese en la intención de encontrarse con su niño interior en un sueño lúcido. Visualícese abrazando y confortando a su niño interior. Inducción de la Lucidez: Utilice las técnicas de inducción de sueños lúcidos. Creación del Escenario: Cree un escenario seguro y acogedor para el encuentro, como un parque, un jardín, una playa o la casa de su infancia. Invocación del Niño Interior: Llame a su niño interior, visualícelo apareciendo y acérquese a él con amor y compasión. Diálogo y Sanación: Converse con su niño interior. Pregúntele cómo se siente, qué necesita, a qué tiene miedo. Escuche atentamente, valide sus emociones, ofrézcale amor, apoyo y seguridad. Abrácelo, juegue con él, dígale que lo ama y que está ahí para protegerlo. Integración: Al despertar, reflexione sobre la experiencia y cómo puede integrar las necesidades y los *insights* de su niño interior en su vida despierta.

Diálogo con la Sombra:

Objetivo: Reconocer e integrar sus aspectos sombríos (aquellos aspectos de su personalidad que usted rechaza, reprime o teme), transformar patrones de comportamiento negativos y promover el autoconocimiento.

Paso a paso: Incubación del Sueño: Antes de dormir, concéntrese en la intención de encontrarse con su sombra en un sueño lúcido. Inducción de la Lucidez:

Utilice las técnicas de inducción de sueños lúcidos. Creación del Escenario: Cree un escenario que represente simbólicamente su inconsciente, como una cueva oscura, un bosque denso o un sótano. Invocación de la Sombra: Llame a su sombra. Ella puede manifestarse como un monstruo, un animal, una persona aterradora o cualquier otra figura que represente sus miedos, sus defectos o sus impulsos reprimidos. Diálogo e Integración: Converse con su sombra. Pregúntele qué representa, por qué está ahí, qué quiere enseñarle. No la juzgue ni la rechace. Intente comprenderla y aceptarla como parte de usted. Ofrézcale compasión y amor. Usted puede incluso intentar abrazarla o fusionarse con ella, simbolizando la integración de la sombra. Integración: Reflexione en cómo integrar su sombra.

Resolución de Conflictos:

Objetivo: Resolver conflictos interpersonales (con parejas, familiares, amigos, compañeros de trabajo) o conflictos internos (entre diferentes partes de sí mismo).

Paso a paso: Incubación del Sueño: Antes de dormir, concéntrese en la intención de resolver el conflicto en un sueño lúcido. Visualícese dialogando con la persona (o con la parte de sí mismo) con quien tiene el conflicto. Inducción de la Lucidez: Utilice las técnicas de inducción. Creación del Escenario: Cree un escenario neutro y seguro para el diálogo. Invocación de la Persona/Parte: Llame a la persona (o a la parte de sí mismo) con quien tiene el conflicto. Diálogo y Resolución: Converse con la persona (o parte de sí mismo) de forma abierta y honesta. Exprese sus sentimientos, escuche el punto de vista del otro, busque un entendimiento mutuo y encuentre una solución para el conflicto. Integración: Reflexione sobre las resoluciones.

Reescritura de Traumas:

Objetivo: Resignificar experiencias traumáticas del pasado, reducir el impacto emocional negativo y promover la sanación.

Paso a Paso: Incubación: Tenga la intención de revisitar la situación en su sueño. Inducción de la Lucidez: Use técnicas para inducir la lucidez. Recreación: Recree el escenario y el evento, y cambie lo que sea necesario para resignificar el trauma. Integración: Al despertar, reflexione en lo que la experiencia puede enseñarle.

Estos son solo algunos ejemplos de ejercicios de sanación emocional que pueden realizarse en sueños lúcidos. Con práctica, creatividad y la orientación adecuada (si es necesario), usted podrá usar esta herramienta poderosa para transformar su vida emocional, superar sus desafíos y alcanzar un mayor bienestar.

Capítulo 30
Viajes Compartidos

La posibilidad de compartir un mismo sueño con otra persona despierta curiosidad y fascinación, desafiando los límites de la experiencia onírica y de la conciencia humana. Relatos a lo largo de la historia sugieren que, en ciertas circunstancias, individuos pueden acceder a un ambiente onírico común, interactuar conscientemente dentro de él y, al despertar, recordar los mismos detalles con sorprendente precisión. Aunque la ciencia aún no ha encontrado evidencias definitivas para comprobar este fenómeno, el número de testimonios y patrones recurrentes sugiere que los sueños compartidos pueden ser más que simples coincidencias. Para aquellos que exploran el potencial de los sueños lúcidos, esta posibilidad representa un campo vasto para la experimentación, el autoconocimiento y la profundización de la conexión con otras mentes. Si los sueños pueden ser moldeados por la intención, la expectativa y el entrenamiento, entonces la construcción de un espacio onírico común puede estar al alcance de aquellos que dedican tiempo y disciplina a esta práctica.

La idea de un encuentro consciente en el mundo de los sueños no es nueva. Muchas tradiciones espirituales alrededor del mundo describen prácticas en las cuales chamanes, monjes o grupos enteros accedían a estados de sueño colectivos para compartir visiones, recibir enseñanzas o realizar rituales. Además, teorías como la del inconsciente colectivo de Carl Jung sugieren que existe una capa profunda de la psique humana en la cual arquetipos y símbolos universales se manifiestan, creando un terreno común donde las mentes pueden conectarse. Algunas experiencias registradas indican que personas con fuertes lazos emocionales, como gemelos, parejas románticas o amigos cercanos, tienen mayor probabilidad de relatar sueños interconectados. Esto sugiere que la empatía, la sintonía mental y la intención mutua pueden ser factores decisivos en la manifestación de este fenómeno. Aunque los sueños compartidos aún no sean totalmente comprendidos, la investigación sobre ellos abre caminos para reflexiones sobre los límites de la conciencia, la naturaleza de la realidad y el potencial inexplorado de la mente humana.

Para aquellos que desean experimentar sueños compartidos, algunos enfoques pueden aumentar sus posibilidades de éxito. Establecer una intención clara antes de dormir, visualizar un punto de encuentro específico y acordar una señal de reconocimiento son estrategias que pueden ayudar a orientar la experiencia onírica. Prácticas como la incubación de sueños, la sincronización de los ciclos de sueño y el desarrollo de la lucidez son fundamentales para crear un ambiente mental propicio al encuentro dentro del sueño. Además, mantener un diario de sueños detallado y comparar notas con el compañero puede proporcionar indicios valiosos sobre posibles conexiones. Aunque los resultados no sean inmediatos, el intento de explorar los sueños compartidos a través de la experimentación consciente puede fortalecer la percepción onírica, profundizar el vínculo entre los practicantes y ampliar la comprensión sobre los misterios de la mente y la existencia. Sean reales en el sentido físico o solo una construcción subjetiva del inconsciente, estas experiencias abren puertas a nuevas formas de interacción y descubrimiento dentro del vasto territorio de los sueños.

La idea de que los sueños pueden ser un espacio de encuentro e interacción entre las mentes es fascinante y ha sido explorada en diversas culturas y tradiciones espirituales a lo largo de la historia. En la ciencia ficción, los sueños compartidos también son un tema recurrente, retratados en películas como "El Origen" ("Inception") y "El Secreto del Abismo" ("The Abyss").

Exploración del Fenómeno:

A pesar de la falta de comprobación científica, los relatos de sueños compartidos presentan algunas características comunes:

Encuentro Planeado: Las personas que comparten el sueño generalmente acuerdan previamente la intención de encontrarse en el mundo onírico. Pueden definir un horario, un lugar de encuentro (real o imaginario) y una señal de reconocimiento.

Interacción Consciente: Dentro del sueño, las personas se reconocen, conversan, interactúan y, en algunos casos, incluso colaboran para realizar tareas o resolver problemas.

Corroboración Posterior: Al despertar, las personas relatan la experiencia, comparan sus recuerdos y descubren que compartieron elementos significativos del sueño, como el escenario, los personajes, los eventos y las emociones.

Sensación de Realidad: Los sueños compartidos suelen describirse como experiencias muy vívidas y realistas, con una fuerte sensación de presencia e interacción.

Teorías:

Existen varias teorías que intentan explicar el fenómeno de los sueños compartidos:

Coincidencia: Los escépticos argumentan que los sueños compartidos son solo coincidencias. Las personas pueden tener sueños similares debido a experiencias de vida en común, influencias culturales o simplemente por casualidad. La corroboración posterior sería resultado de sugestión, memoria selectiva y tendencia a encontrar patrones donde no existen.

Telepatía: Los defensores de la telepatía onírica creen que las mentes pueden comunicarse directamente durante el sueño, transmitiendo información, emociones e imágenes de una persona a otra. Esta comunicación telepática crearía la experiencia de un sueño compartido.

Inconsciente Colectivo: La teoría del inconsciente colectivo de Carl Jung sugiere que existe una capa profunda de la psique que es compartida por todos los seres humanos, conteniendo arquetipos, símbolos y patrones universales. Los sueños compartidos podrían ser una manifestación del inconsciente colectivo, un encuentro de mentes en ese nivel más profundo.

Realidades Paralelas: Algunas teorías más especulativas sugieren que, durante el sueño, la conciencia puede desplazarse a otras dimensiones o realidades paralelas, donde el encuentro con otras personas sería posible.

Técnicas para Sueños Compartidos:

Aunque no haya garantía de éxito, existen algunas técnicas que pueden aumentar la probabilidad de tener un sueño compartido:

Elección del Compañero: Elige un compañero con quien tengas un fuerte vínculo emocional, confianza y afinidad. La conexión entre las personas parece ser un factor importante para el éxito de los sueños compartidos.

Intención Compartida: Conversen sobre la intención de tener un sueño compartido. Definan un horario para dormir, un lugar de encuentro en el sueño (un lugar real o imaginario) y una señal de reconocimiento (una palabra, un gesto, un objeto).

Incubación del Sueño (Revisión): Antes de dormir, practiquen la técnica de incubación de sueños (detallada en el Capítulo 20), enfocándose en la intención de encontrarse en el sueño. Visualícense encontrándose en el lugar acordado, interactuando y realizando alguna actividad juntos.

Técnicas de Inducción de Lucidez: Practiquen técnicas de inducción de sueños lúcidos (MILD, WILD, WBTB, pruebas de realidad, etc.). La lucidez aumenta el control sobre la experiencia onírica y facilita el encuentro con el compañero.

Registro y Comparación: Al despertar, anoten inmediatamente sus sueños en sus diarios, sin conversar entre ustedes. Luego, comparen sus notas, buscando similitudes, elementos en común y señales de que pueden haber compartido el mismo sueño.

Sincronización del Sueño: Intenten sincronizar sus ciclos de sueño, acostándose y despertándose a las mismas horas. Esto puede aumentar la probabilidad de que entren en sueño REM al mismo tiempo.

Realidad compartida: Conversen con frecuencia, establezcan acuerdos.

Tecnología: Existe en el mercado, prototipos y modelos a la venta que prometen facilitar sueños lúcidos y compartidos.

Es importante resaltar que la práctica de sueños compartidos es experimental y los resultados pueden variar mucho. No te desanimes si no tienes éxito en los primeros intentos. Continúa practicando, manteniendo una mente abierta y registrando tus experiencias. Aunque no logres comprobar la ocurrencia de un sueño compartido, la práctica en sí puede fortalecer el vínculo entre tú y tu compañero, aumentar tu conciencia onírica y proporcionar experiencias fascinantes.

Capítulo 31
Autotrascendencia

La autotrascendencia es un fenómeno inherente a la experiencia humana, caracterizado por la superación de los límites del ego y por la búsqueda de una conexión más amplia con el universo. Esta jornada de expansión de la conciencia ha sido explorada por diversas culturas a lo largo de la historia, utilizando rituales, prácticas espirituales y técnicas meditativas para alcanzar estados alterados de percepción. Entre los métodos más eficaces para este propósito, los sueños lúcidos emergen como una herramienta poderosa, permitiendo que el individuo trascienda la realidad cotidiana y entre en dimensiones simbólicas y espirituales. A través del despertar de la conciencia dentro del propio sueño, se vuelve posible vivenciar experiencias de unidad, éxtasis y comprensión profunda, promoviendo *insights* transformadores que resuenan en la vida despierta.

El dominio de los sueños lúcidos ofrece la posibilidad de explorar territorios más allá de los límites físicos y psicológicos impuestos por la vigilia. Dentro de este estado de conciencia expandida, el soñador adquiere libertad absoluta para interactuar con arquetipos, acceder a memorias subconscientes y experimentar realidades que desafían las leyes de la lógica y de la física. Muchos relatos indican que, al utilizar los sueños lúcidos con fines espirituales, los individuos encuentran guías, maestros o símbolos de sabiduría que les transmiten enseñanzas y orientaciones valiosas para su evolución personal. Esta experiencia no solo fortalece la intuición y la percepción de la realidad, sino que también proporciona un sentido de pertenencia al todo, disolviendo la ilusión de la separación entre el "yo" y el universo.

Para alcanzar la autotrascendencia por medio de los sueños lúcidos, es esencial desarrollar una práctica intencional que involucre técnicas de inducción, visualización y entrega al proceso onírico. Establecer un propósito antes de dormirse, ya sea la búsqueda de respuestas espirituales, el encuentro con entidades de luz o la inmersión en estados de éxtasis e iluminación, dirige el inconsciente a crear experiencias alineadas con estas aspiraciones. Además, la práctica de la meditación dentro del sueño puede potencializar la profundidad de estas vivencias, llevando a una conexión directa con estados de conciencia ampliados. La integración de estas experiencias en la vida despierta, por medio de la reflexión y de la aplicación de los *insights* adquiridos, transforma la jornada onírica en un poderoso catalizador de crecimiento espiritual y autoconocimiento.

Los sueños lúcidos, con su capacidad de expandir la conciencia y proporcionar experiencias que desafían las leyes de la física y de la lógica, también pueden ser utilizados como una herramienta para la autotrascendencia y la exploración espiritual. Al volverse consciente dentro del sueño, el soñador gana la libertad de explorar el mundo onírico sin las limitaciones del cuerpo físico y de las creencias limitantes, abriendo camino para experiencias que pueden tener un profundo impacto en su visión del mundo, sus valores y su sentido de propósito.

Cómo Usar Sueños Lúcidos para la Autotrascendencia:

Intención Espiritual: Antes de dormir, define la intención de usar el sueño lúcido para fines espirituales o trascendentales. Puedes pedir tener una experiencia de unidad con el universo, encontrar a tu guía espiritual, recibir una revelación divina, explorar otras dimensiones de la realidad o cualquier otro objetivo que esté alineado con tu búsqueda espiritual.

Incubación del Sueño (Revisión): Utiliza la técnica de incubación de sueños (detallada en el Capítulo 20) para dirigir el contenido de tu sueño. Concéntrate intensamente en tu intención, visualízate teniendo la experiencia deseada y repite una frase que exprese tu objetivo.

Inducción de la Lucidez: Utiliza las técnicas de inducción de sueños lúcidos (MILD, WILD, WBTB, pruebas de realidad, etc.) para aumentar tus posibilidades de volverte consciente dentro del sueño.

Exploración del Infinito: Tan pronto como te vuelvas lúcido, explora las posibilidades ilimitadas del mundo onírico. Vuela por los cielos, atraviesa paredes, sumérgete en las profundidades del océano, viaja a otros planetas, explora otras dimensiones. Déjate guiar por tu intuición y curiosidad.

Encuentro con lo Divino: Busca el encuentro con figuras divinas, seres de luz, maestros espirituales, ángeles, dioses o cualquier otra entidad que represente lo sagrado para ti. Conversa con estas figuras, pide orientación, recibe enseñanzas, siente la energía de amor y sabiduría que emana de ellas.

Meditación en el Sueño: Encuentra un lugar tranquilo dentro del sueño y practica la meditación. La meditación en un sueño lúcido puede ser extremadamente poderosa, llevando a estados de conciencia expandida, éxtasis y unión con el todo.

Visualización Creativa: Usa tu poder onírico para crear símbolos y metáforas que representen tu jornada espiritual. Visualízate superando obstáculos, alcanzando la iluminación, uniéndote al universo, o cualquier otra imagen que resuene contigo.

Entrega y Confianza: Entrégate a la experiencia, confía en la sabiduría de tu inconsciente y permite que el sueño te guíe. No intentes controlarlo todo. Déjate llevar por la corriente del sueño, abierto a las sorpresas y revelaciones.

Integración: Al despertar, anota los detalles de tu sueño en tu diario, incluyendo las emociones, los *insights*, los símbolos y los mensajes que recibiste. Reflexiona sobre el significado de la experiencia y cómo puedes integrar estos aprendizajes en tu vida despierta.

Experiencias Trascendentales Comunes en Sueños Lúcidos:

Sensación de Unidad: Perder la noción de los límites del ego y sentirse uno con el universo, con la naturaleza, con todas las cosas.

Éxtasis: Experimentar un estado de alegría, amor y bienaventuranza intensos, que trasciende la experiencia ordinaria.

Luz y Energía: Percibir una luz blanca o dorada, sentir una energía poderosa fluyendo a través del cuerpo.

Encuentros con Seres de Luz: Conversar con ángeles, guías espirituales, maestros ascendidos u otras entidades luminosas.

Viajes a Otros Mundos: Explorar otras dimensiones, planetas, universos paralelos o reinos espirituales.

Revelaciones e *Insights*: Recibir mensajes, enseñanzas o revelaciones sobre la naturaleza de la realidad, el propósito de la vida o el camino espiritual.

Muerte y Renacimiento: Experimentar la muerte simbólica del ego y el renacimiento en un nuevo estado de conciencia.

La práctica de la autotrascendencia en sueños lúcidos es una jornada profunda y personal, que puede llevar a transformaciones significativas en la vida del soñador. Al combinar la intención espiritual con las técnicas de inducción y control de los sueños lúcidos, puedes abrir un portal hacia experiencias que expanden tu conciencia, profundizan tu conexión con lo divino y te acercan a tu verdadera naturaleza.

Capítulo 32
Maestría Onírica

El dominio absoluto del mundo onírico representa uno de los mayores logros en la jornada de los sueños lúcidos. Cuando el soñador alcanza la maestría onírica, trasciende las limitaciones impuestas por el inconsciente y adquiere un nivel de control extraordinario sobre sus sueños. Esta habilidad permite moldear la realidad onírica con la misma facilidad con que se imagina un escenario en la mente despierta. El soñador pasa a manipular ambientes, crear personajes complejos, alterar las leyes de la física y explorar los límites de la propia conciencia. Más que un ejercicio de control, esta jornada representa una profunda inmersión en el autoconocimiento y en la creatividad, proporcionando experiencias transformadoras que desafían las nociones convencionales de realidad.

El camino hacia esta maestría no es inmediato. Así como cualquier habilidad avanzada, exige práctica continua, experimentación y un refinamiento progresivo de la percepción dentro del estado onírico. Al principio, el soñador puede experimentar dificultades para mantener la estabilidad del sueño o para realizar cambios intencionales en el ambiente. Sin embargo, a medida que desarrolla mayor familiaridad con este espacio de creación ilimitada, percibe que su propia creencia en la posibilidad del control es el factor determinante para el éxito. La confianza y la claridad de intención se convierten en los pilares de la maestría onírica. Cuanto más fuerte sea la convicción de que es posible moldear el sueño conforme a la voluntad, más fácil se vuelve manipular cada aspecto de esta realidad maleable.

Explorar el mundo de los sueños lúcidos con plena conciencia no solo amplía los límites de la experiencia humana, sino que también permite que el soñador desarrolle una conexión más profunda con su propio subconsciente. Por medio de la creación deliberada de escenarios, personajes y eventos, se vuelve posible acceder a memorias ocultas, enfrentar miedos simbólicos e incluso obtener *insights* valiosos sobre cuestiones de la vida despierta. La interactividad con los elementos oníricos asume un nuevo significado cuando el soñador percibe que todo dentro de este universo responde a su estado mental y emocional. Esta percepción fortalece la idea de que, así como en los sueños, la realidad despierta también puede ser influenciada por creencias, intenciones y perspectivas. De esta forma, la maestría onírica no se limita al ambiente del sueño; reverbera en la vida cotidiana, convirtiéndose en una herramienta poderosa de transformación personal.

La maestría onírica no es un estado que se alcanza de la noche a la mañana. Es el resultado de años de práctica, dedicación, autoconocimiento y exploración del mundo de los sueños. Sin embargo, existen ejercicios avanzados que pueden acelerar el desarrollo de esta habilidad y llevar al soñador a niveles de control y conciencia cada vez mayores.

Ejercicios Avanzados para la Manipulación del Ambiente:

Creación Instantánea: En lugar de construir el escenario paso a paso (como se sugirió en el Capítulo 20), intente crear el ambiente instantáneamente, con un simple pensamiento o comando verbal. Por ejemplo, diga: "¡Que aparezca una ciudad futurista ahora!" o simplemente piense en la imagen de la ciudad y visualícela materializándose frente a usted.

Transformación a Gran Escala: En lugar de modificar solo un objeto o una pequeña área del sueño, intente transformar todo el escenario de una sola vez. Por ejemplo, transforme un bosque en un desierto, una ciudad en un océano, un día soleado en una noche estrellada.

Control del Tiempo: Manipule el tiempo en el sueño. Acelere, desacelere, pare, invierta o avance el tiempo. Observe los cambios en el ambiente y en los personajes a medida que usted altera el flujo temporal.

Control de la Gravedad: Desafíe las leyes de la gravedad. Vuele libremente, flote, camine por las paredes o por el techo, haga que los objetos leviten, cree zonas de gravedad cero o de gravedad invertida.

Teletransporte: Teletranspórtese instantáneamente a otros lugares dentro del sueño. Piense en un lugar (real o imaginario) y visualícese apareciendo allí instantáneamente.

Creación de Objetos Complejos: Cree objetos complejos y detallados, como máquinas, vehículos, obras de arte, instrumentos musicales, dispositivos tecnológicos. Explore estos objetos, manipúlelos, úselos para interactuar con el ambiente.

Creación de Personajes: Cree personajes con características físicas, personalidades e historias detalladas. Converse con estos personajes, interactúe con ellos, observe cómo se comportan.

Fusión con el Ambiente: Experimente la sensación de fusionarse con el ambiente onírico. Imagine que usted se convierte en el agua del océano, el viento que sopla en los árboles, la luz del sol, la tierra bajo sus pies. Esta técnica puede llevar a experiencias de unidad y trascendencia del ego.

Manipulación de la Propia Forma: Altere la forma de su propio cuerpo onírico. Transfórmese en un animal, en un ser mitológico, en un objeto, en energía pura. Experimente diferentes formas y sensaciones.

Sueños Dentro de Sueños: Cree sueños dentro de sueños. Entre en un nuevo sueño a partir de su sueño lúcido actual. Explore los diferentes niveles de realidad onírica. Esta técnica puede ser desafiante, pero también puede llevar a *insights* profundos sobre la naturaleza de la conciencia y de la realidad.

Ruptura de la Cuarta Pared: Converse directamente con el "sueño" en sí, como si fuera una entidad consciente. Haga preguntas, pida consejos, agradezca la experiencia.

Manipulación de la Narrativa: Asuma el papel de narrador del sueño, controlando no solo el ambiente y los personajes, sino también la historia en sí. Cree giros argumentales, introduzca nuevos elementos, altere el género del sueño (de aventura a romance, de comedia a terror).

Consejos para la Maestría Onírica:

Práctica Regular: La maestría onírica requiere práctica regular y consistente. Dedique tiempo a los sueños lúcidos, practique las técnicas de inducción, explore el ambiente onírico, experimente diferentes formas de control.

Confianza: Crea en su capacidad de controlar el sueño. La confianza es un factor crucial para el éxito. Si duda de sí mismo, será más difícil realizar sus deseos oníricos.

Intención Clara: Tenga una intención clara de lo que quiere hacer o experimentar en el sueño. Cuanto más específica sea su intención, más fácil será realizarla.

Creatividad: Use su imaginación y creatividad para explorar las posibilidades ilimitadas del mundo onírico. No tenga miedo de experimentar cosas nuevas y desafiantes.

Autoconocimiento: Cuanto más se conozca a sí mismo, más fácil será controlar sus sueños. Explore su subconsciente, sus miedos, sus deseos, sus patrones de pensamiento.

Paciencia: La maestría onírica es un proceso gradual. No se desanime si no obtiene resultados inmediatos. Continúe practicando, aprendiendo y explorando.

La maestría onírica es una jornada fascinante y transformadora, que puede llevar a experiencias increíbles y a un profundo autoconocimiento. Al dominar el arte de controlar sus sueños, estará abriendo un portal hacia un universo de posibilidades ilimitadas, donde usted es el creador de su propia realidad.

Capítulo 33
Diarios Avanzados

La práctica del registro avanzado de sueños trasciende la simple anotación de eventos oníricos, convirtiéndose en un proceso profundo de autodescubrimiento y exploración de la mente inconsciente. Un diario de sueños refinado no solo permite la identificación de patrones recurrentes y mejora la capacidad de inducción de sueños lúcidos, sino que también se transforma en un instrumento poderoso para comprender los mensajes simbólicos transmitidos por el subconsciente. La riqueza de los detalles registrados amplía la percepción sobre los estados emocionales, los arquetipos manifestados y las conexiones entre los sueños y la vida despierta, posibilitando un mapeo consistente de la evolución psicológica y espiritual del soñador.

Profundizar en la técnica del diario exige un compromiso consciente con la precisión del registro. Cada detalle sensorial del sueño – colores, texturas, sonidos, temperaturas e incluso sensaciones táctiles – debe ser descrito con la máxima fidelidad. Esta riqueza de información permite reconstruir el sueño con mayor claridad al releerlo, facilitando el análisis de sus matices y la identificación de desencadenantes que pueden auxiliar en la inducción de sueños lúcidos futuros. Además, la inclusión de aspectos emocionales detallados posibilita una comprensión más abarcadora de las reacciones internas al contenido onírico, revelando aspectos profundos de la psique que, muchas veces, pasan desapercibidos en la vigilia.

Más que un simple repositorio de experiencias nocturnas, un diario avanzado de sueños puede convertirse en un verdadero laboratorio experimental para probar técnicas de inducción, manipulación onírica y exploración del inconsciente. Al revisar regularmente los registros, patrones ocultos emergen, permitiendo que el soñador comprenda mejor los temas centrales que permean su vida psíquica. El estudio comparativo de sueños a lo largo del tiempo puede revelar la progresión de un proceso interno de transformación, trayendo *insights* valiosos sobre desafíos personales, evolución espiritual y la interacción entre el mundo interno y externo. De esta forma, el diario se transforma en un portal para la autotrascendencia, promoviendo no solo un mayor dominio sobre los sueños, sino también un profundo impacto en la vida despierta.

Técnicas Avanzadas de Registro:

Registro Multisensorial Detallado:

Además de describir el argumento del sueño, registre minuciosamente todos los detalles sensoriales, incluso aquellos que parecen insignificantes:

Visuales: Colores (tonalidades específicas, brillo, contraste), formas (geométricas, orgánicas, abstractas), texturas (liso, áspero, suave, rugoso), luz y sombra (intensidad, dirección, fuentes de luz), movimiento (velocidad, dirección, ritmo).

Auditivos: Sonidos (volumen, tono, timbre), músicas (melodía, ritmo, instrumentos), voces (tono, acento, emoción), ruidos (naturaleza, máquinas, multitudes).

Táctiles: Texturas (caliente, frío, húmedo, seco), presión, peso, dolor, placer.

Olfativos: Olores (agradables, desagradables, familiares, desconocidos), aromas (flores, comida, perfumes).

Gustativos: Sabores (dulce, salado, amargo, ácido, picante), texturas (cremoso, crujiente, líquido).

Cinestésicos: Sensaciones de movimiento (volar, caer, girar, correr), equilibrio, propiocepción (percepción de la posición del cuerpo en el espacio).

Registro Emocional Profundo:

Explore a fondo las emociones sentidas durante el sueño. No se limite a etiquetas genéricas como "feliz", "triste" o "con miedo". Use palabras más precisas y descriptivas:

En vez de "feliz", use "eufórico", "alegre", "sereno", "agradecido", "extasiado".

En vez de "triste", use "melancólico", "desesperanzado", "angustiado", "desamparado".

En vez de "con miedo", use "aterrorizado", "ansioso", "aprensivo", "inquieto".

Anote también las variaciones de intensidad de las emociones a lo largo del sueño. Una emoción puede comenzar débil y intensificarse, o viceversa.

Registro de Pensamientos y Diálogos:

Anote todos los pensamientos que tuvo durante el sueño, incluso si parecen irrelevantes o desconectados. Anote también los diálogos, de la forma más completa posible, incluyendo el tono de voz, el lenguaje corporal y las emociones de los interlocutores.

Dibujos y Diagramas Detallados:

Use dibujos, diagramas, mapas, gráficos o cualquier otro recurso visual para complementar el registro escrito. No se preocupe por la calidad artística; el objetivo es capturar la esencia de la experiencia onírica.

Símbolos y Metáforas (Interpretación Inmediata):

Junto al registro del sueño, anote inmediatamente sus impresiones y asociaciones sobre los símbolos y metáforas que aparecieron. ¿Cuál es el significado personal de estos símbolos para usted? ¿Qué representan en su vida? Esta interpretación inmediata, hecha antes de que la mente racional tome el control, puede ser muy reveladora.

Grabación de Audio:

Si tiene dificultad para escribir al despertar, use una grabadora de audio para registrar sus sueños. La grabación puede capturar matices de su voz, como emoción y vacilación, que pueden perderse en el registro escrito.

Técnicas Avanzadas de Análisis:

Análisis Longitudinal:

Analice su diario de sueños en una perspectiva longitudinal, buscando patrones, temas y símbolos que se repiten a lo largo de meses o años. Este análisis puede revelar cuestiones profundas de su inconsciente, que están siendo trabajadas en un nivel más sutil.

Análisis Comparativo:

Compare sus sueños con los sueños de otras personas (compañeros de sueños lúcidos, amigos, familiares o relatos en libros y artículos). Esta comparación puede traer *insights* sobre la naturaleza de los sueños y sobre su propia experiencia onírica.

Análisis Arquetípico (Jung):

Utilice los conceptos de la psicología junguiana (arquetipos, sombra, ánima/ánimus, inconsciente colectivo) para interpretar sus sueños. Busque símbolos universales y patrones de comportamiento que se manifiestan en sus sueños.

Análisis de Contenido:

Utilice técnicas de análisis de contenido para identificar la frecuencia de palabras, temas, emociones y personajes en sus sueños. Este análisis cuantitativo puede complementar el análisis cualitativo y revelar patrones que pueden pasar desapercibidos. Utilice herramientas informáticas para realizar el análisis.

Correlación con Eventos de la Vida:

Intente correlacionar los temas y las emociones de sus sueños con eventos de su vida despierta. ¿Sus sueños reflejan sus preocupaciones, sus deseos, sus miedos, sus conflictos? ¿Hay alguna relación entre sus sueños y sus relaciones, su trabajo, su salud, su espiritualidad?

Experimentación Onírica:

Use su diario de sueños como un laboratorio de experimentación. Anote las técnicas de inducción que utiliza, los resultados que obtiene, los experimentos que realiza en sus sueños lúcidos (como intentar volar, cambiar de escenario, conversar con personajes).

Planificación de Sueños Lúcidos:

Use su diario para planificar sus próximos sueños lúcidos. Defina intenciones, visualice escenarios, prepare preguntas para hacer a los personajes oníricos.

El diario de sueños avanzado se convierte en un espejo de su alma, un mapa de su inconsciente y una guía para su jornada de autodescubrimiento. Al profundizar el uso de esta herramienta, estará abriendo un canal de comunicación directo con la parte más profunda y sabia de usted mismo, accediendo a *insights* que pueden transformar su vida.

Capítulo 34
Más Allá de Soñar

El viaje de los sueños lúcidos no termina al despertar; al contrario, continúa desplegándose en la vida de vigilia, influyendo en la percepción, el comportamiento y la forma en que se interactúa con el mundo. Las experiencias vividas en el mundo onírico conllevan *insights* profundos sobre la psique, revelan aspectos ocultos de la personalidad y ofrecen oportunidades de aprendizaje y transformación. Integrar estos conocimientos al día a día significa abrir un canal directo entre el consciente y el inconsciente, permitiendo que lo descubierto en el sueño se manifieste en la realidad de manera tangible y significativa. Este proceso de integración no solo amplía la comprensión de uno mismo, sino que también potencializa el desarrollo personal en diversas áreas, como la creatividad, la inteligencia emocional y la resolución de problemas.

La aplicación práctica de las lecciones extraídas de los sueños lúcidos puede ocurrir de diferentes formas. El autoanálisis, basado en la reflexión sobre los eventos oníricos, permite identificar patrones emocionales y psicológicos que se repiten tanto en el sueño como en la vida despierta. Por medio de este proceso, se vuelve posible comprender mejor miedos, deseos, limitaciones y potenciales inexplorados. Además, la práctica de la visualización consciente de los escenarios y las emociones experimentadas en el sueño puede servir como herramienta para reforzar sentimientos positivos y facilitar el cambio de comportamientos limitantes. Al rescatar y revivir mentalmente las sensaciones de empoderamiento, libertad y creatividad vividas en un sueño lúcido, el soñador fortalece su capacidad de traer estas cualidades a la vigilia, transformando su enfoque ante los desafíos diarios.

Otro aspecto fundamental de la integración de los sueños lúcidos a la vida cotidiana es la aplicación de las habilidades desarrolladas en el estado onírico. Técnicas como el ensayo mental, en el que el soñador practica determinada actividad dentro del sueño para mejorarla en la vida despierta, pueden ser extremadamente eficaces para optimizar desempeños físicos y cognitivos. Además, la flexibilidad de la mente durante los sueños lúcidos estimula la creatividad y la innovación, permitiendo que nuevas ideas y soluciones originales surjan con más facilidad en el estado de vigilia. Cuando se comprende que el mundo onírico no es un espacio aislado, sino un campo fértil para el crecimiento y el autodescubrimiento, la experiencia de soñar se convierte en un recurso valioso para enriquecer la vida de forma profunda y transformadora.

Integrando los *Insights* Oníricos:

Reflexión y Autoanálisis: Dedica tiempo para reflexionar sobre tus sueños lúcidos y sobre los mensajes que traen. Usa tu diario de sueños como guía, revisita las anotaciones, los dibujos, las interpretaciones. Pregúntate:

¿Qué me enseñó este sueño sobre mí mismo?

¿Qué aspectos de mi personalidad fueron revelados o explorados en el sueño?

¿Qué emociones fueron despertadas o procesadas en el sueño?

¿Qué desafíos fueron enfrentados o superados en el sueño?

¿Qué *insights* o soluciones creativas surgieron en el sueño?

¿Cómo puedo aplicar estos aprendizajes a mi vida despierta?

Acción Consciente: Transforma los *insights* oníricos en acciones concretas en tu vida despierta. Si superaste un miedo en un sueño lúcido, intenta enfrentar ese miedo en la realidad, paso a paso. Si recibiste un consejo de un guía onírico, intenta ponerlo en práctica. Si descubriste un nuevo talento o habilidad en el sueño, explora esa área en tu vida despierta.

Cambio de Comportamiento: Usa los sueños lúcidos como un laboratorio para experimentar nuevas formas de ser y de relacionarse. Si practicaste la asertividad en un sueño, intenta ser más asertivo en tus interacciones diarias. Si experimentaste la compasión en un sueño, intenta cultivar esa cualidad en tu vida despierta.

Resolución de Problemas: Aplica las soluciones creativas que encontraste en tus sueños lúcidos a los problemas de tu vida real. Si visualizaste un nuevo enfoque para un proyecto en el trabajo, intenta implementarlo. Si soñaste con una forma de resolver un conflicto con un amigo, intenta conversar con él usando esa nueva perspectiva.

Expresión Creativa: Usa los sueños lúcidos como fuente de inspiración para tu expresión creativa. Si soñaste con una canción, intenta componerla. Si soñaste con una pintura, intenta pintarla. Si soñaste con una historia, intenta escribirla.

Integrando las Emociones Oníricas:

Validación de las Emociones: Reconoce y valida las emociones que sentiste en tus sueños lúcidos, incluso si parecen intensas o incómodas. Las emociones oníricas son reales y pueden proporcionar pistas importantes sobre tu estado emocional.

Procesamiento Emocional: Si experimentaste emociones difíciles en un sueño lúcido (miedo, tristeza, rabia, culpa), reserva un tiempo para procesarlas en tu vida despierta. Conversa con un amigo, un terapeuta, escribe en tu diario, practica la meditación o usa cualquier otra técnica que te ayude a lidiar con esas emociones de forma saludable.

Cultivo de Emociones Positivas: Si experimentaste emociones positivas en un sueño lúcido (alegría, amor, gratitud, confianza), intenta cultivar esas emociones en tu vida despierta. Recuerda la sensación del sueño, visualízate sintiendo esas emociones nuevamente y busca oportunidades para expresarlas en tus interacciones diarias.

Integrando las Habilidades Oníricas:

Ensayo Mental: Usa la técnica del ensayo mental (practicada en sueños lúcidos) para mejorar tus habilidades en tu vida despierta. Visualízate realizando la actividad con perfección, sintiendo las mismas emociones y sensaciones que experimentaste en el sueño.

Atención Plena (*Mindfulness*): La práctica de la atención plena, cultivada en la meditación y en las pruebas de realidad, puede ser aplicada en tu vida diaria. Permanece presente en el momento, observa tus pensamientos y emociones sin juzgar, presta atención a los detalles de tu entorno.

Control Emocional: Las técnicas de control emocional aprendidas en sueños lúcidos (respiración consciente, afirmaciones positivas, distanciamiento) pueden ser usadas en situaciones desafiantes de la vida real.

Creatividad: La libertad y la flexibilidad experimentadas en los sueños lúcidos pueden inspirar tu creatividad en tu vida despierta. Permítete pensar fuera de la caja, experimentar nuevas ideas, buscar soluciones innovadoras.

La integración de las experiencias oníricas a la vida despierta es un proceso continuo y gradual. No esperes cambios radicales de la noche a la mañana. Sé paciente contigo mismo, celebra cada pequeño progreso y continúa explorando el potencial transformador de tus sueños. Al construir este puente entre el mundo de los sueños y la realidad cotidiana, estarás enriqueciendo tu vida, expandiendo tu conciencia y recorriendo un camino de autoconocimiento y crecimiento personal.

Epílogo

Y ahora que has llegado al final de este viaje, pregúntate: ¿qué ha cambiado?

Desde el momento en que iniciaste esta lectura, fuiste conducido por un universo invisible a simple vista, pero tan real como cualquier otra experiencia que hayas vivido. Cada capítulo reveló secretos sobre el mundo onírico, ofreciendo técnicas, reflexiones y conocimientos capaces de transformar no solo tus sueños, sino también tu percepción de la realidad despierta.

Pero el verdadero aprendizaje no termina aquí. Muy por el contrario: este es solo el comienzo.

Puede que hayas aprendido a identificar cuándo estás soñando. Puede que hayas comprendido cómo funcionan las pruebas de realidad. Puede que incluso ya hayas experimentado la lucidez onírica, sintiendo la excitación indescriptible de percibir que estás dentro de un sueño y de asumir el control sobre él. Pero hay algo aún más profundo y transformador en este proceso: el descubrimiento de que los sueños reflejan quién eres.

Cada sueño lúcido es un espejo de tu mente, revelando no solo tus deseos, sino también tus miedos, tus incertidumbres y tu esencia más pura. Al dominar este arte, no solo controlas narrativas nocturnas, te conviertes en un explorador del propio inconsciente. Los sueños pasan a ser un laboratorio para la creatividad, un campo de entrenamiento para tu coraje y un puente hacia el autoconocimiento.

Y entonces, surge una nueva cuestión: si puedes despertar dentro de tus sueños, ¿por qué no despertar dentro de la propia vida?

La realidad que vives ahora es, de muchas formas, un sueño moldeado por tus percepciones y creencias. Así como en el mundo onírico, hay reglas que parecen inmutables, pero que, cuando se cuestionan, se revelan más flexibles de lo que imaginas. Así como en el sueño lúcido, tienes el poder de transformar escenarios, desafiar expectativas y crear tu propia narrativa. La única diferencia es que, a diferencia del sueño, la vigilia no termina cuando abres los ojos.

El despertar a la lucidez en los sueños es solo un preludio para un despertar aún mayor: el despertar a la vida consciente.

Que este libro no sea solo una fuente de conocimiento técnico, sino una invitación a la exploración más fascinante que existe: el viaje hacia dentro de ti mismo. Pues aquellos que dominan el arte de controlar los sueños no solo duermen mejor… viven mejor.

Y ahora, la pregunta final: ¿qué harás con este conocimiento?

La respuesta, así como tus sueños, está en tus manos.

www.ingramcontent.com/pod-product-compliance
Lightning Source LLC
LaVergne TN
LVHW040055080526
838202LV00045B/3640